Jubilé Centenaire de la Mission du Lessouto
1833-1933

# Adolphe Mabille

## (1836-1894)

par

# H. DIETERLEN

**(Nouvelle Edition)**

Société des Missions Évangéliques
102, Boulevard Arago, Paris XIV<sup>e</sup>

# DU MEME AUTEUR

# ADOLPHE MABILLE

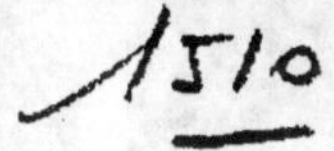

1.

ADOLPHE MABILLE

Jubilé Centenaire de la Mission du Lessouto
1833-1933

# Adolphe Mabille

## (1836-1894)

par

## H. DIETERLEN

*(Nouvelle Edition)*

Précédé d'une Dédicace

Par M. le Missionnaire F. COILLARD

Société des Missions Évangéliques
102, Boulevard Arago, Paris XIVe

La première édition de ce volume de M. H. Dieterlen a paru en 1898, quatre ans après la mort du
grand missionnaire dont il retraçait la vie. Ce
volume étant depuis longtemps déjà épuisé, il a
paru qu'une nouvelle édition avait sa place toute
marquée dans la série publiée à l'occasion du prochain Jubilé centenaire de cette Mission du Lessouto dont Adolphe Mabille fut à coup sûr, après
Eugène Casalis et Thomas Arbousset, un des plus
brillants pionniers. Nous n'avons pas hésité à
reproduire sans y rien changer l'émouvante dédicace de François · Coillard, l'ami très intime
d'Adolphe Mabille.

# A Madame MABILLE

## à MORIJA.

*Ma chère sœur,*

*Malgré votre désir et le mien, je ne devais pas avoir, après tout, le privilège de faire le portrait de mon ami et de présenter à nos jeunes générations cet homme qui appartenait encore à la race des géants qui ont illustré les missions africaines. Loin de le regretter, bénissons-en Dieu ! J'étais décidément mal qualifié pour cette belle tâche ; malgré moi, j'aurais été trop partial : je voyais mon sujet de trop près.*

*Mabille, depuis le jour où nous nous sommes*

rencontrés à la Maison des Missions, en 1856, jusqu'à sa fin, a été l'ami de mon cœur. Vous savez, vous, ce qu'a été notre intimité, pendant plus de trente-cinq ans. Aucun brouillard ne l'a jamais refroidie, aucun nuage ne l'a jamais voilée. Volontiers nous la comparions à l'amitié de David et de Jonathan. Je l'aimais comme ma propre âme, ce fort, ce vaillant, et à ses côtés je me sentais fort aussi, quelquefois même vaillant. Il s'imaginait que nous nous complétions un peu. En quoi et comment ? Je n'en sais rien ; il était si complet, lui. Nous nous comprenions, c'est sûr ; nous nous disions tout ce que des hommes peuvent se dire et avec une fidélité qui n'a jamais gêné l'abandon. Nos deux vies ne se ressemblaient guère à l'extérieur ; mais de notre vie intérieure et intime nous aurions pu dire : « Comme dans l'eau le visage répond au visage, ainsi le cœur d'un ami répond au cœur de son ami. »

Je risquerais peut-être d'exalter trop l'homme et de jeter une ombre sur la gloire de Dieu, si j'essayais de dire ce que Mabille a été pour moi, non seulement dans ma carrière, mais dans le développement de ma vie spirituelle. S'il a été béni, il a été aussi un canal de bénédiction, et jamais plus que dans ces grandes heures de la vie qui sont le critère des amitiés. Il savait toujours donner le conseil, dire la parole qu'il fallait ; jamais il ne vous écrasait. Il avait le secret d'imprimer vigoureusement la poussée qui sauvait la situation. J'ai dit ailleurs ce que la mission du Zambèze lui doit... N'y revenons pas.

Son départ pour le ciel, sitôt après celui de Christina, a été, pour moi, un coup de foudre dans un ciel serein ; car rien ne m'y avait préparé.

Nous venions, à la conférence de Kazoungoula, de décider mon départ pour le Sud. De Kimberley au Lessouto, il n'y avait qu'un pas, et malgré toute la douleur que devait nécessairement me causer mon retour à Léribé, je rêvais de Morija, et une nostalgie irrésistible s'était emparée de moi. J'avais besoin de revoir une fois encore mon ami et de me retremper quelques jours dans son intimité... Oh oui !...

Deux semaines après, je revenais d'une course aux chutes Victoria.

— La poste est arrivée pendant votre absence, me dit quelqu'un ; elle apporte des nouvelles qui vont bien vous attrister... Votre ami n'est plus !...

— Quoi ! Mabille ?...

— Lui-même... Dieu l'a pris !...

Je ne vis et n'entendis plus rien Dans ma douleur, je criais à mon Dieu : « Oh ! pourquoi lui,

*et pas moi ?... » Pourquoi ?... C'est son secret,
à Lui tout seul.*

*Que de fois, au bord du fleuve fouetté par les
vents, tourmenté et moutonnant, n'ai-je pas assisté,
avec de gros battements de cœur, au passage
périlleux de mes compagnons de voyage ! Avec
quelle anxiété je la suivais du regard, la
frêle pirogue qui les emportait, ballottée, dispa-
raissant dans les vagues, reparaissant sur leurs
crêtes écumantes et bravant l'orage ! Et quand,
enfin, je l'entrevoyais touchant au port, l'angoisse faisait place à l'émotion de la joie : « Arrivés ! m'écriais-je, ils sont arrivés ! A mon
tour ! »*

*En jetant un regard sur le passé, ma sœur, ce
qui se dégage sûrement de vos sentiments, n'est-
ce pas la louange ? Ce n'est pas un petit privilège que d'avoir cheminé si longtemps avec cet
homme de Dieu. Il est arrivé, oui. A notre tour
aussi.!...*

*Mais quel patrimoine, quel riche héritage pour
ses enfants que son nom et sa belle vie ! Puissent-
ils s'en rendre dignes et marcher sur ses traces !*

*Cette vie, c'est la propriété de l'Eglise, et il
fallait la lui faire connaître. Dieu avait choisi
son artiste, un artiste qui a peut-être moins vécu
de la vie intime de son héros ; mais il l'a connu, il*

*l'a compris, il l'a aimé, tout en conservant une indépendance et une virilité de jugement que j'admire. Avec le talent de sa plume, la chaleur de son cœur et l'élévation de son esprit, toutes qualités qui le font tant aimer dans nos Eglises, M. Dieterlen nous a donné un vrai chef-d'œuvre.*

*On le lit tout d'une haleine. Dans notre littérature religieuse, je ne connais guère que l'admirable biographie de M^me André-Walther, écrite par son fils, qui puisse lui être comparée.*

*M. Dieterlen dit que « la vraie image d'un homme, c'est sa vie elle-même ». Et c'est vrai. A mesure qu'il la déroule, cette vie, qu'il soulève, les uns après les autres, les plis qui la voilaient, cette image devient une statue, mais une statue qui grandit, grandit encore, grandit toujours. On voit l'homme, le travailleur passionné, le pasteur expert, le Boanerges, le politicien qui n'a d'autre passion que l'amour des hommes et du droit. On le voit sous toutes ses faces, on le voit tout entier. Et, tout confondu d'admiration, on se demande si c'est une vision qui passe devant vous, ou bien une personnalité vivante, en chair et os comme nous. Et pendant qu'on admire en elle la grâce de Dieu, il semble que cette statue parle : « Soyez mes imitateurs, comme je le suis moi-même de Christ. »*

*Et pourtant, pour vous, ma sœur, qui connaissiez si bien l'original, cette admirable statue n'est guère qu'une ébauche, après tout. Que de légers coups de ciseaux ne voudrions-nous pas ajouter, ici et là, pour donner plus de relief à ce trait, accentuer celui-là, adoucir ce qui paraît un peu trop tranché !*

*J'aimerais, par exemple, polir un peu les rides de son front et mettre plus d'amabilité sur son visage. Je ne l'ai jamais connu, moi, austère, froid et réservé. On a dit des maisons princières de Londres, en comparant leurs murs dénudés et sévères avec les sculptures et l'élégance de nos palais de Paris, qu'elles portent leur velours à l'envers. Il y a aussi de ces caractères-là. Ce ne sont pas les moins riches ni les moins chauds, une fois qu'ils vous ont admis dans le sanctuaire de leur intimité. Chez Mabille, on trouvait une chaleur, une tendresse d'affection qui vous faisaient complètement oublier en lui l'athlète, le guerrier, l'homme puissant. Je n'ai jamais vu des enfants comme ceux de Mabille, qui pussent parler avec autant de liberté et d'abandon, avec leur père, de conversion et d'expériences chrétiennes.*

*Et ce qu'il était, de tendresse et de simplicité pour ses enfants, il l'était aussi pour ses amis.*

*Il avait formulé une devise : « Ne jamais offenser ni s'offenser. » — Et cette devise était une des règles de sa vie. Non pas qu'il hésitât à dire à ses amis des vérités dures, quand il y voyait un devoir de fidélité, — au contraire. Et pour le faire, il trempait même sa plume dans de l'encre noire. Mais, une fois le devoir de fidélité accompli, il ne restait pas d'ombre sur son cœur.*

*Il avait en horreur la médisance, un mal si commun même parmi les enfants de Dieu. S'il parlait de n'importe quelle personne, il en disait moins qu'il ne l'avait fait à elle-même. Et on le savait. « Comment, disait-il, prier avec liberté pour ceux dont on a médit ? »*

*Il sentait très vivement l'opposition, aussi bien que les torts qu'on avait envers lui ; mais ce n'était qu'un incident, une pierre détachée qui tombait et ne troublait que pour un moment la limpidité de sa vie.*

*Il va sans dire que nous nous comprenions parfaitement sur les questions de discipline ecclésiastique et de vie chrétienne, où lui, apportait tout le poids de sa puissante personnalité. Frappés de la sagesse rare avec laquelle nos devanciers avaient posé les fondements de la mission, notre ambition, à nous, était de bâtir* dessus, avec de l'or, de l'argent et des pierres précieuses, « et de continuer leur œuvre dans leur esprit ». Ce n'est pas le lieu de défendre et de discuter ces principes ; mais je ne puis qu'admirer la délicatesse avec laquelle mon frère Dieterlen touche à des points sur lesquels il se trouve en désaccord avec nous. Du reste, les deux pages qu'il nous donne là-dessus (1) sont inimitables de clarté et de bon sens.

Et quel type de pasteur que celui « qui voulait pour ses chrétiens et en eux le maximum » — des chrétiens qui fussent des hommes (1 Cor. 16-13) — et des hommes de la trempe de ceux de Thessalonique !

Mabille était le successeur d'Arbousset. Et celui-ci n'était nullement un évangéliste ordinaire. Comme Saül, il dépassait de toute la tête les hommes de son temps. Il faut l'avoir vu à l'œuvre pour s'en faire une idée. Sa grande originalité le posait comme un prophète. Il pouvait employer des procédés et dire des choses qu'on n'eût tolérés chez personne d'autre. Il parlait avec une autorité qu'on ne lui contestait jamais. Mais, qu'il parlât aux enfants ou aux grandes personnes, aux pauvres, aux femmes ou au roi

_______________

(1) P. 274-276.

*Moshesh, il le faisait toujours avec un à-propos admirable.*

*Aussi Morija devint-il, dès l'abord, un centre de grande activité et une « mère d'Eglises ». C'est de Morija que sont issues les Eglises d'Hermon, Thabana-Moréna et Makénenq. Morija se distinguait aussi par la grande proportion d'hommes parmi les membres de l'Eglise.*

*M. Arbousset s'affranchissait des méthodes alors en vogue dans les champs missionnaires sud-africains, et préconisées chez nous par des hommes de la valeur des Pellissier, Rolland et Daumas. Ces méthodes consistaient à attirer les populations païennes sur la station missionnaire, à y former de grands centres et des foyers ardents. Les résultats ainsi obtenus ont été admirables sur nos stations de Béthulie, Béerséba et Mékuathling, jusqu'au moment où les guerres de race vinrent et saccagèrent ce coin si riche de la vigne du Seigneur. M. Arbousset, lui, décentralisait en quelque sorte son action ; — sa station, c'était une province.*

*Mabille, qui n'avait absolument rien de l'originalité d'Arbousset, en avait toute la visée. Il se donnait franchement comme son successeur « nguanaé — son enfant ». Au lieu de se poser en censeur et de bouleverser ce qui avait été fait* avant lui, comme cela arrive assez souvent chez les jeunes, il travaillait sur les bases déjà posées, élaborait les mêmes plans, continuait les mêmes traditions et demandait la même autorité. — On la lui octroya. Mais il apportait à son œuvre une vie profonde et une grande élévation de vues.

Il connaissait le monde missionnaire et il s'y mouvait comme chez lui. Il suivait tout ce qui s'y faisait, s'intéressait à tout — et, abeille infatigable, il voltigeait de fleurs en fleurs, recueillait partout leur pollen, et faisait leur miel.

Mais, non content de travailler comme dix, il sentait qu'il valait mieux encore en faire travailler dix autres. C'est le secret de tous les grands hommes de communiquer à d'autres la force motrice de leur propre vie. Et, à mon avis, c'est là un des traits les plus remarquables de cette belle carrière.

M. Dieterlen a bien dit :

« On regardait avec admiration et amour cet homme fort qui, en se vouant tout entier au service de Dieu, avait encore le privilège d'envoyer dans le monde des hommes portant son empreinte, imbus de son esprit, armés par lui pour la sainte guerre, et accompagnés de ses prières et de sa bénédiction. »

*Les richesses de collaboration qu'il accumulait ainsi, ce n'était donc ni pour lui, ni pour son Eglise exclusivement, mais pour le monde. Il ne s'enrichissait que pour donner. J'ai raconté ailleurs comment il avait donné au Zambèze un de ses meilleurs évangélistes. C'était son principe. Il se disait sans doute : j'en formerai d'autres, et c'est ainsi que son Eglise a essaimé. Il ne comprenait ni les arrière-pensées, ni les demi-sacrifices.*

*Tout cela, c'est l'œuvre de Dieu en lui. Nous, qui l'avons connu de longue date, nous l'avons vu se développer et grandir, rompre énergiquement d'anciennes habitudes pour ne pas en devenir esclave, se discipliner sans pitié, se lever de grand matin pour vaquer à la méditation et à la prière dans les heures silencieuses qui devancent l'aurore et le réveil des autres. Il sortait de ce cabinet comme d'un sanctuaire, retrempé, fortifié, rasséréné pour le travail et la lutte.*

*Il allait de force en force, et en voilà le secret. Dans ces temps de fin de siècle, où le scepticisme et le matérialisme semblent avoir paralysé les convictions profondes, l'enthousiasme généreux et les ambitions élevées, il fallait montrer à notre jeunesse chrétienne cette grande figure, cet homme, ce guerrier qui, en tombant sur le*

*champ de bataille, pouvait dire, avec saint Paul :
« J'ai combattu le bon combat, j'ai achevé la
course, j'ai gardé la foi, et la couronne de justice m'est réservée. »*

« QUE JE MEURE DE LA MORT DES JUSTES,

« ET QUE MA FOI SOIT SEMBLABLE A LA LEUR ! »

F. COILLARD.

*1ᵉʳ juillet 1898.*

# INTRODUCTION

---

Un proverbe des Bassoutos dit que « on n'est brave qu'en compagnie ».

Si M. Mabille a pu faire ce qu'il a fait, c'est qu'il avait eu des prédécesseurs et qu'il avait des collègues travaillant fidèlement, avant ou à côté de lui, « chacun selon la mesure de la grâce qui lui avait été départie ». Séparer un homme de ses compagnons de travail et le mettre en évidence, ce n'est pourtant pas le grandir à leur détriment ni diminuer leurs mérites. Telle n'est pas, en tout cas l'intention de l'auteur de ce travail, qui a l'honneur et le bonheur de faire partie de l'escouade des missionnaires du Lessouto.

Son but n'est pas d'écrire « l'éloge » de M. Mabille, qui, attribuant à la grâce de Dieu tout ce qu'il a été et tout ce qu'il a fait, eût vivement réprouvé toute glorification de sa personne et tout panégyrique de son œuvre. Ce n'est pas même une biographie complète et détaillée qu'il a écrite. Il a voulu faire un portrait d'homme, celui d'un serviteur de Dieu dont il a été dit « qu'il n'y avait pas, au sud du Zambèze, une âme supérieure à la sienne comme force spirituelle ». A l'aide des quelques lettres de M. Mabille qu'il a pu se procurer, des témoignages de ses contemporains et de ses propres souvenirs, il a essayé de faire revivre (combien imparfaitement !) un homme que Dieu avait fait puissant en œuvres et riche en foi.

Il espère que le spectacle d'une individualité si foncièrement chrétienne, et d'une activité si féconde, édifiera et encouragera ses lecteurs, en ces temps où les besoins de l'œuvre de Dieu sont si grands et les hommes si petits.

Léribé (Lessouto).

*20 septembre 1897.*

# CHAPITRE PREMIER

## JEUNESSE ET VOCATION

Quand Dieu a besoin d'un homme pour une œuvre spéciale, il lui arrive de le susciter dans les conditions les plus inattendues, au sein d'une famille où rien ne semblait préparer ou annoncer l'apparition d'un chrétien éminent ou d'un ouvrier d'élite. Cet homme de Dieu surgit là, de par la seule volonté de Dieu, choisi dès avant sa naissance, créé de toutes pièces par son Maître. Et nous le considérons à juste titre comme une merveille de la toute-puissance de Celui qui fait fleurir le désert et couler du rocher les eaux vives et vivifiantes.

Mais il arrive plus fréquemment — et c'est plus normal, — que Dieu recrute ses ouvriers dans les milieux où ils se rencontrent en quelque sorte

naturellement, au sein des familles où la piété
des parents, leur intérêt pour le royaume de
Dieu, leur exemple et leur foi, sont autant
d'appels divins adressés à leurs enfants. L'éducation chrétienne est en soi une vocation pour
ceux qui jouissent de ses privilèges. Dieu aime
à enrôler les jeunes gens qu'il reconnaît « bons
pour le service ». Et l'honneur de voir leurs fils et
leurs filles appelés à la carrière de pasteur, de
missionnaire ou de diaconesse, est à juste titre
plus spécialement réservé aux parents qui les ont
eux-mêmes voués au service de Dieu.

L'homme de Dieu dont nous entreprenons de
tracer ici un rapide portrait, appartenait à la
catégorie de ceux que Dieu cherche et trouve
dans les familles vraiment chrétiennes. M. Mabille le père était un chrétien de la nuance pié-
tiste la plus accentuée. Tout en étant strictement
attaché aux doctrines de l'orthodoxie de son
temps, il était de ceux qui placent au-dessus de
tout la conversion, la piété personnelle, la vie de
l'âme en Christ et pour Dieu, et qui n'admettent
aucun compromis de la foi avec le monde. D'un
caractère excessivement réservé, sous une apparence froide et une grande austérité de mœurs et
de paroles, il cachait en son cœur une piété profonde et un intérêt ardent pour le règne de Dieu

et la délivrance de l'humanité. Il était un chaud foyer de vie, dont bien des gens aimaient à s'approcher pour y retremper leur propre foi : « Je ne passe jamais à Yverdon, disait une chrétienne d'élite, sans aller voir ce saint homme qu'est M. Mabille. » Et M<sup>me</sup> Mabille, dans sa simplicité et son inépuisable bonté, enjouée, vive, joyeuse, était la digne compagne de ce fidèle et modeste homme de Dieu.

Quand naquit son fils Adolphe (c'était le 12 juin 1836), M. Mabille était instituteur à Baulmes, près d'Yverdon, canton de Vaud. Mais, quelques mois plus tard, il allait s'établir à Yverdon même, où il continuait pendant de longues années encore à s'occuper de l'instruction de la jeunesse. Plus tard, ses forces et l'état de sa santé le forcèrent de renoncer à la carrière de l'enseignement, et il fonda un petit magasin de papeterie et un atelier de reliure, qui existent encore aujourd'hui, sous la direction d'un de ses fils.

Adolphe Mabille était un garçon intelligent, travailleur et précoce. A l'âge de quatre ans, il savait lire ; à sept ans, il étudiait le latin. A quatorze ans, il devenait sous-maître à la pension Court, tout en continuant ses propres études. Il subvenait ainsi lui-même, dans une large mesure, aux dépenses nécessaires pour son éducation, et

il acquérait une expérience pédagogique dont il
devait faire si bon usage pendant tout le cours de
sa carrière terrestre. Le français et l'allemand lui
étaient également familiers, et il possédait de
l'italien une connaissance assez étendue pour
jouir des ouvrages écrits en cette langue et pour
les usages courants de la conversation.

Quand il eut terminé au collège d'Yverdon ses
études classiques, il partit pour Bâle, désirant
s'y perfectionner dans les connaissances qu'il
possédait déjà, et il fut pendant quelque temps
pensionnaire dans une école supérieure appelée
le Pædagogium. Détail caractéristique — le seul
du reste que nous donnerons sur cette étape de
sa jeunesse — son voisin de pupitre était grand
amateur de musique et connaissait les règles de
la composition musicale. Adolphe Mabille, qui
lui aussi avait des goûts artistiques très marqués,
fut bientôt très lié avec ce camarade. Entre deux
thèmes, pendant les récréations, au cours des
promenades, les deux jeunes gens parlaient cantiques et oratorios. Mabille fut ainsi mis au courant
des principes qui lui faisaient défaut et il les mit
plus tard en œuvre, soit pour composer lui-même
des morceaux de musique religieuse, soit pour
inculquer à d'autres le goût du chant et en faire
un puissant moyen d'édification et d'adoration.

A cette époque déjà, le désir de Mabille était d'embrasser la carrière pastorale. Il avait demandé d'être admis à la Faculté de théologie de Lausanne, mais son admission avait dû être ajournée, parce qu'il n'avait pas encore atteint l'âge réglementaire. Au surplus, ses goûts et ses aptitudes pour l'instruction le poussaient dans la voie de l'enseignement, dont les travaux constituent une préparation si utile pour le ministère pastoral. Il n'avait pas non plus atteint le degré élevé de piété et les fortes convictions personnelles requises pour la tâche que Dieu tenait en réserve pour lui. Son désir de devenir pasteur était, semble-t-il, le produit d'aspirations encore peu distinctes et des exhortations paternelles, plutôt que le fruit d'expériences décisives et de résolutions bien mûries. Il n'était pas encore « bon pour le service ». Il n'avait pas encore reçu de Dieu un appel catégorique.

Il se livra donc aux travaux de l'enseignement, en attendant autre chose, qu'il ne prévoyait pas. Un préceptorat à La Haye lui donna l'occasion d'apprendre le hollandais, qui ne pouvait pas lui être d'une grande utilité en Europe, mais dont on ne saurait trop se rendre maître, quand on habite au sud de l'Afrique. De La Haye, il passa en Angleterre. Et nous le trouvons, en 1854,

dans la ville de Kendal, professeur de français
dans un grand établissement dirigé par des Quakers, et que fréquentaient surtout des jeunes
gens de familles riches. Outre les leçons qu'il
donnait dans cette institution, il avait des élèves
en ville, et son travail, largement rétribué, suffisait amplement à pourvoir aux dépenses que lui
occasionnait un goût très vif pour le luxe, les
vêtements élégants, et même pour les bijoux. En
même temps, il apprenait à fond la langue
anglaise que, depuis lors, il mania toujours, tant
pour l'écrire que pour la parler, avec beaucoup
de facilité et de pureté.

Mais il devait trouver à Kendal tout autre chose
et bien mieux que les avantages d'une activité
bien rémunérée, la connaissance d'une langue
étrangère et l'ouverture d'esprit que donnent à
l'homme la fréquentation de personnes distin-
guées et le contact avec des gens d'une autre nationalité que la sienne. C'est à Kendal que devait
avoir lieu la crise décisive nécessaire pour l'épa-
nouissement complet de sa personne religieuse.
C'est à Kendal aussi que devait le trouver l'appel
de Dieu par lequel tout le cours probable de sa
vie allait être changé. Dieu l'attendait là — Dieu
qui n'est jamais pressé et qui sait attendre que le

fruit mûrisse, pour le cueillir au bon moment et s'en servir en vue de l'accomplissement de ses desseins merveilleux.

Nous possédons sur Mabille, tel qu'il arriva à Kendal, et sur la transformation spirituelle qui s'accomplit en lui dans cet endroit, un document précieux. C'est une lettre écrite l'an dernier par M. Duncan, un des professeurs du collège de Castle Park, qui y enseignait à l'époque où y arriva le jeune maître suisse. M. Duncan est aujourd'hui un nonagénaire, et ne quittera sans doute que pour le ciel le lit de maladie et de faiblesse d'où il a tracé ces lignes.

« Quand M. Mabille devint aide-professeur à l'école de Castle Park, il était très jeune, de bonne apparence personnelle, avec des manières enjouées et muni d'excellents certificats. Son arrivée fut un véritable événement pour nous tous ; et moi, qui étais sous-directeur, je découvris bientôt que j'avais en lui un formidable rival pour ce qui concerne l'affection de nos jeunes gens. Avant son arrivée, j'étais tout pour eux, soit sur le terrain des jeux, soit dans les excursions à la campagne. Mais je fus bientôt obligé de lui céder toutes mes dignités en cet ordre de choses. Hors des salles de classe, il était la bonne humeur personnifiée ; en classe et dans l'accomplissement de ses devoirs à l'intérieur de l'établissement, il était au contraire très réservé. Nous remarquâmes pourtant bientôt que, chez lui, les apparences cachaient un esprit troublé et que son cœur n'était pas en règle avec Dieu. Je découvris plus tard qu'il était tourmenté par le souvenir de la manière dont il avait quitté sa patrie, contrairement aux désirs de son père, de sa mère et de ses amis. Il semble qu'il se fût fatigué de la contrainte de la maison paternelle, des enseignements et des prières de son excellent père et qu'il eût pris la résolution de faire son chemin ailleurs (1).

« Ce fut un chagrin pour M. Bims et pour moi quand nous découvrîmes l'influence mondaine qu'il exerçait sur les jeunes gens confiés à ses soins. A la suite de cette découverte, nous nous

-------

(1) La famille de M. Mabille ignore absolument le fait signalé ici par M. Duncan. La correspondance de M. Mabille avec son père et sa mère indique au contraire qu'il existait, entre le fils et le père, les rapports de la plus grande intimité, de la plus vive affection et de la confiance mutuelle la plus complète. Nous reproduisons cependant ce passage de la lettre de M. Duncan, d'abord par sincérité, et ensuite parce que nous croyons qu'il a pu, en effet, se produire, à un moment donné et pour un certain temps, des divergences de vue entre le père et le fils au sujet de l'avenir de ce dernier.

sentîmes poussés à prier fréquemment pour lui et à examiner ensemble ce qu'il y avait de mieux à faire à son égard. Les admonestations paternelles du directeur semblèrent pendant un temps l'irriter ; et dans le cours de nos sorties avec nos jeunes gens, je remarquai qu'il était loin d'être heureux, à cause de la contrainte sous laquelle il était obligé de vivre dans notre société. Cette observation nous poussa à plus de persistance dans nos efforts et dans nos prières à son sujet.

« Environ un an et demi après son arrivée, M<sup>me</sup> Bims, qui avait assumé envers lui les fonctions d'une mère, et qui avait pénétré plus qu'aucun de nous dans son intimité, nous dit un jour : « Je crois vraiment que M. Mabille est un « homme sauvé, en dépit de son indifférence « apparente pour ce qu'on lui dit. » Cette remarque s'accordait avec ce que nous avions pensé et espéré à son égard. Nous attendîmes donc qu'il confessât Christ comme son Dieu et son Sauveur ; mais nous dûmes le faire pendant plusieurs semaines.

« La chose arriva cependant à un moment et dans un endroit que nous ne prévoyions pas, pour la plus grande joie de nos cœurs et de beaucoup d'autres encore. M. Bims était un des Anciens de l'Eglise des Frères Chrétiens, qui se

réunissaient le matin de chaque premier jour de
la semaine, pour rompre le pain et pour prier,
dans ce qui est maintenant la Halle aux Blés de
Kendal. La liberté du ministère était alors, et est
encore, un des principes de notre communauté.
Ce jour-là, notre cher Mabille, qui était assis avec
les étudiants dans la partie inférieure de la salle,
parmi ceux qui n'étaient pas membres de la communauté, se leva tout à coup de sa place, à la
grande surprise de toute l'assemblée (deux cents
personnes environ), et commença, sous l'empire
d'une vive émotion et avec une voix bégayante,
à dire comme quoi il avait, pendant ces dernières
semaines, éprouvé de grandes angoisses spirituelles, parce qu'il se sentait, de nature, perdu, et
qu'il désirait ardemment trouver la paix dans le
salut de Christ. Il disait qu'il avait enfin trouvé
cette paix, et que sa joie était si grande qu'il
voulait partir comme missionnaire et annoncer
le puissant amour qui sauve aux païens plongés
dans les ténèbres. Il demandait que, en attendant que la voie s'ouvrît devant lui, il lui fût permis de participer avec nous à la rupture du pain
et à la prière, afin que, par ces moyens, sa foi
fût fortifiée et son amour augmenté.

« Ce fut une mémorable matinée pour nous
tous, et les félicitations que beaucoup d'entre

nous lui présentèrent à la sortie du service restèrent gravées dans sa mémoire avec reconnaissance jusqu'à la fin de ses jours. Il sentait qu'une courageuse profession de foi, faite devant les étudiants et la congrégation, était pour lui le meilleur moyen de sortir de ses perplexités.

« Pendant le reste de son séjour parmi nous, il fut un encouragement pour nous tous ; son influence sur les jeunes gens fut très grande ; et quand il nous quitta pour aller faire ses études à Paris, notre tristesse et notre joie abondaient tout à la fois... »

C'est ainsi que Mabille, arrivé en Angleterre avec des idées religieuses encore assez vagues et une piété relativement impersonnelle, fut amené à une pleine possession du salut et à une consécration réfléchie, voulue et définitive au service de Dieu. Il ne fut jamais l'homme des demi-mesures ; sa nature le portait au contraire à aller jusqu'au bout en toute chose. Il ne pouvait être chrétien à moitié, il ne pouvait l'être non plus par tradition ou par obéissance à ses parents. S'il était resté sous l'influence immédiate de la maison paternelle, sa piété n'eût pas été tout à fait la sienne. Il avait été bon qu'il vécût à l'écart, livré à lui-même, mais laissant se faire dans le silence et en toute liberté ce travail intime et personnel qui seul peut former des individualités complètes et donner l'essor aux énergies de l'âme, jusqu'alors comprimées. La plante encore frêle que des mains pieuses avaient, trop minutieusement peut-être, cultivée à Yverdon, s'était d'abord comme repliée sur elle-même, dans l'atmosphère si nouvelle qu'elle avait trouvée dans le pensionnat des bons Quakers de Kendal. Mais elle avait peu à peu absorbé des sucs vivifiants et généreux ; sa croissance, pour un temps retardée, avait tout à coup repris avec une vigueur extraordinaire ; elle avait rapidement produit son fruit le plus beau, prémisses d'abondantes et riches récoltes.

Nous ne pouvons nous représenter la profession de foi que Mabille fit devant ses élèves et ses directeurs sans un sentiment de respectueuse admiration, et sans rendre grâce à Celui qui en avait, dans sa sagesse infinie, préparé les étapes. Mabille se consacrant à Dieu, c'était pour la vie. Il s'était donné pour ne plus jamais avoir même la pensée de se reprendre, pour ne plus pouvoir songer à revenir en arrière. Et c'est sans doute l'expérience décisive et bienfaisante qu'il fit ce jour-là, qui le poussa, pendant toute sa carrière, à encourager les chrétiens à faire courageusement et une fois pour toutes une confession publique de leur foi et à se consacrer sans réserve au service de leur Dieu.

Au reste, à peine avait-il fait le pas décisif qu'il se mettait en devoir de réaliser les engagements qu'il avait pris devant Dieu et devant les hommes. Gagner des âmes à Christ fut dès lors la préoccupation supérieure de son âme. A Kendal même, il y consacrait ses prières et ses efforts ; et il avait bientôt la joie d'amener à la foi quelques personnes, dont un jeune homme avec lequel il continua d'entretenir des relations fraternelles jusqu'à la fin de sa vie.

Avec ses doutes avaient aussi fini ses goûts mondains. Il aimait la toilette et les bijoux et prenait grand soin de sa personne. Ayant fait la connaissance de M. Georges Muller, de Bristol, cet homme de Dieu qui vivait par la foi et par la prière et qui ne recourait qu'à ces deux moyens pour subvenir aux besoins de ses grands établissements de charité (1), il se sentit poussé à contribuer au succès de ses entreprises.

--------

(1) Nous osons pourtant nous demander si dire au monde protestant entier, par la presse et par des conférences publiques, que l'on a à entretenir de grandes œuvres chrétiennes, qu'on ne fait pas de collectes, que l'on ne compte que sur la puissance de la prière et de la foi pour trouver les sommes requises pour des besoins si pressants, n'était pas, en dernière analyse, mais sans que M. Georges Muller en eût conscience, le moyen le plus subtil et le plus efficace de faire des collectes.

Il fit don à Georges Muller de tout ce qu'il
possédait de précieux. Mais, en retour de ces
sacrifices matériels, il recevait quelque chose de
bien meilleur : la conviction que c'est surtout par
la foi et la prière que le chrétien doit lutter, travailler et vivre. Il acquérait ainsi ce qui fut la
force de toute sa vie, la puissance grâce à laquelle
il put accomplir, dans le royaume de Dieu, une
tâche extraordinaire, tant par son étendue que
par les succès qui la couronnèrent.

On a sans doute remarqué, dans la lettre de
M. Duncan que nous venons de transcrire, qu'en
faisant une profession publique de sa foi, Mabille
avait aussi déclaré que son désir était désormais
de prêcher l'Evangile aux païens. Rien jusqu'alors n'avait, en apparence, annoncé une résolution de cette nature. C'est dans le secret de son
cœur, pendant des semaines de recueillement et
de luttes intérieures, qu'avait surgi en lui une
vocation missionnaire très caractérisée. Dieu, qui
connaît les choses cachées, savait que le travail
que son esprit avait commencé dans l'âme de
Mabille était, non pas achevé (car quand l'œuvre
du Saint-Esprit dans l'homme peut-elle être consi-
dérée comme terminée ?), mais assez avancé
pour qu'un appel décisif indiquât au jeune

homme la carrière à laquelle il l'avait destiné. Il était désormais « bon pour le service » ; il ne pouvait tarder à recevoir sa feuille de route.

Tout en se réservant le droit de parler lui-même et directement à ceux qu'il veut recruter pour le ministère, Dieu se sert volontiers des hommes pour faire parvenir ses messages à ceux qu'il a choisis : car les moyens que nous appelons naturels sont tout autant les moyens de Dieu que ceux que nous disons miraculeux ou surnaturels. C'est ainsi qu'il agit à l'égard de Mabille.

Un jour arriva à Kendal un agent de la Société Biblique britannique, dont nous ignorons le nom. Il fit la connaissance de Mabille, il l'aima, il le convoita pour le service de Dieu, parce qu'il avait discerné en lui une nature d'élite et riche en promesses. Il s'approcha de lui, lui frappa sur l'épaule et lui posa cette question si simple et pourtant si poignante : « Jeune homme, avez-vous jamais pensé aux millions de Chinois qui meurent sans connaître leur Sauveur ? »

Adressée à un homme auquel elle n'était pas destinée, une parole de ce genre n'eût eu aucune portée et fût restée sans écho. Tombant au contraire dans un cœur où l'amour de Dieu était en voie de se réaliser, et où les permières effusions de la vraie piété produisaient déjà leur premier et plus beau fruit, qui est la charité chrétienne, cette parole devenait l'appel, la vocation qui autrefois fit des prophètes et des apôtres, et qui, aujourd'hui encore, crée des serviteurs et des servantes de Dieu pour les ministères les plus divers. Quelle que soit la forme sous laquelle elle se présente, la vocation est bien un ordre de Dieu adressé à l'homme qu'il a choisi, un commandement qui sans doute impose parfois des sacrifices très pénibles, mais qui est aussi, pour celui qui en est l'objet, une source inépuisable de paix, de joie et de force. Et heureux celui qui, en entrant au service de Dieu, peut dire avec humilité et reconnaissance : « Me voici, ô Dieu, pour faire ta volonté. J'y entre, j'y suis, parce que Dieu m'y a appelé. »

Cette vocation, Mabille l'écouta et la reçut comme venant de Dieu lui-même. Il y répondit par une acceptation joyeuse et complète. Devenir missionnaire, aller évangéliser les millions d'hommes qui peuplent la Chine, se consacrer tout entier et sans restriction à cette tâche magnifique, tel était désormais le désir de son cœur ; bien plus, la ferme résolution d'une volonté que rien ne pouvait faire capituler.

Ce n'est que quelques mois plus tard que Mabille apprit un fait qu'on ne lui avait jamais révélé jusqu'alors, sans doute par respect pour sa liberté et pour celle de Dieu : avant sa naissance, ses parents l'avaient voué au service de Dieu et à la carrière missionnaire. Leur souhait le plus cher était de le voir se consacrer à l'évangélisation des païens. Il avaient demandé à Dieu, en de fréquentes prières, qu'il leur fît l'honneur d'enrôler leur fils dans les rangs de ses missionnaires. Cette prière silencieuse avait été entendue. Dieu en avait lentement préparé l'exaucement, ou l'avait lentement et graduellement exaucée. Ce qui semblait être le fait de circonstances fortuites et de coïncidences heureuses, était la réalisation de projets dès longtemps élaborés dans la pensée de Dieu et dans le cœur de l'instituteur d'Yverdon et de sa femme.

C'est donc avec joie que ces derniers donnèrent à la demande de leur fils l'assentiment le plus absolu. Donner un enfant aux missions, n'était-ce pas un privilège et une grâce ?

Pour Mabille, la période préparatoire était terminée. Il avait fait ses expériences, il avait trouvé sa voie ; il avait entendu l'appel de Dieu. Pour lui, désormais, vivre dans la communion du Christ et y faire entrer les païens, fut la seule chose nécessaire et digne d'être recherchée. Il

avait hâte de se mettre au travail. Aussi ne tarda-
t-il pas à quitter les bons Quakers qui l'avaient
tant aimé, gardant pour eux un attachement re-
connaissant, et emportant de Kendal une vie religieuse dont certains caractères indélébiles, certaines idées et certaines pratiques, demeurèrent
comme l'empreinte du pays où elle s'était épa-
nouie, et comme le témoignage de l'intensité de
la crise qui en avait accompagné l'éclosion. Et il
arrivait à Paris, où il entrait à la Maison des Missions pour s'y préparer exclusivement à la carrière missionnaire.

# CHAPITRE II

## ÉTUDES. MARIAGE. CONSÉCRATION. DÉPART

La Société des Missions de Paris, c'était alors cet arbre relativement jeune, mais qui devait nécessairement prendre de grandes proportions, parce qu'il était planté au cœur même du protestantisme français, et parce que ses racines plongeaient dans les sucs les plus vivifiants de la foi chrétienne. Son unique champ de travail était encore le Lessouto. Mais, se sentant forte et capable de plus grandes choses, elle ambitionnait déjà d'étendre le cercle de son activité. Pendant que Dieu se préparait à la conduire au Sénégal, à Tahiti, au Zambèze, au Congo et à Madagascar, elle tournait ses regards vers l'Extrême-Orient et souhaitait d'y envoyer quelques-uns de ses missionnaires.

La Maison des Missions, c'était alors le modeste bâtiment de la rue Franklin (Passy), qui

a abrité les études et les débuts des missionnaires
de la Société de Paris jusqu'en l'année 1873, et
dont ne parlent pas sans émotion et reconnaissance ceux qui ont eu le privilège d'y séjourner.
M. Eug. Casalis, revenu du Lessouto en 1856,
en était à la fois le directeur et le principal
professeur, — M. Casalis, l'un des trois pionniers de notre mission sud-africaine, tout rempli
encore des souvenirs des longues années qu'il
avait consacrées à évangéliser les Bassoutos et,
on peut le dire sans exagération, à créer, des
débris de plusieurs tribus de nègres, dispersées
par de sanglantes guerres et par les famines qui
s'ensuivirent, un petit peuple ayant sa vie propre
et déterminé à lutter vaillamment pour son existence. Avec un directeur pareil, l'amour — pour
ne pas dire l'enthousiasme — pour les missions
devenait contagieux. Rien n'encourage les cons-
crits comme les récits d'un vétéran tout plein
encore des souvenirs de glorieux combats, de
souffrances bravement supportées et de belles
victoires remportées. Le commerce d'un homme
pareil fortifiait les vocations encore hésitantes et
leur donnait de la stabilité, en substituant aux
illusions et aux imaginations des aspirants la
réalité des choses et des expériences faites. Un
trait caractéristique de M. Casalis, c'était l'amour

réel, profond, personnel et cordial qu'il éprouvait pour « ses Bassoutos ». Il avait pour eux des entrailles de père, parce qu'il avait été leur père en la foi et qu'il avait été, au point de vue social et politique, un de leurs créateurs. Il les avait aimés, il les aimait encore, non d'un amour théorique et exclusivement chrétien, mais de cœur et en homme jouissant de leur société, de leur commerce, de leur caractère et de leur attachement, et n'éprouvant pas à leur égard cette espèce d'éloignement instinctif qui souvent creuse entre blancs et noirs un fossé, ou même un abîme. Dire aux futurs missionnaires qu'il faut aimer ainsi les païens et chercher parmi eux ces pères et ces mères, ces frères, ces sœurs et ces amis, que Jésus a promis à ses serviteurs, en échange de ceux qu'ils devaient quitter pour l'amour de son nom, c'était leur donner le secret du travail patient et fidèle, la clef de cœurs très difficiles à ouvrir, et les germes de « la charité qui croit tout, espère tout et supporte tout ».

Mabille arriva à la Maison des Missions tel que nous l'avons vu précédemment. Il était timide et peu communicatif, comme il le fut toujours dans la suite ; parlant peu, riant et plaisantant moins encore. Des personnes malicieuses, familières de la Maison, lui avaient donné entre elles ce nom caractéristique : le père Sérieux.

Avec cela, travailleur acharné et fidèle. Sa précoce mâturité, son expérience pédagogique et sa grande serviabilité lui gagnèrent rapidement la confiance de M. Casalis et de M<sup>lle</sup> Henriette Casalis, sa sœur, qui remplissait à cette époque les fonctions de maîtresse de maison dans la famille missionnaire de la rue Franklin. Et le directeur aimait à lui confier temporairement la surveillance générale de la Maison, quand les besoins de l'œuvre des missions l'obligeaient de s'absenter.

L'esprit d'initiative qui fit de Mabille l'homme d'action qu'il fut pendant toute sa carrière et le mit d'emblée hors pair parmi ses collègues, se manifesta, dès son arrivée à Paris, par un trait qui vaut la peine d'être noté ici. Il avait vu, en Angleterre, des carnets de collectes pour œuvres religieuses, dont les détenteurs recrutaient des souscripteurs mensuels et encaissaient régulièrement les sommes promises. Il s'empressa de proposer que pareille méthode fût introduite en France, dans le but d'augmenter les recettes de la Société des Missions ; mais M. Casalis ne crut pas devoir consentir à cette innovation. Bien convaincu de l'utilité de ce procédé, Mabille confectionna alors quelques carnets de ce genre et les confia à des personnes de sa connaissance. Plus tard il en parla à M. Granier, qui, s'emparant de cette idée, en fit sa chose et s'y consacra avec le zèle que l'on sait. Ce fut là l'origine de la collecte dite du Sou missionnaire, qui, dans la suite des temps, a pris dans nos Eglises de langue française une grande extension et dont l'utilité n'est heureusement plus à démontrer.

Tout en poursuivant ses études de théologie, Mabille s'occupait d'évangélisation et travaillait dans les écoles du dimanche. Pendant ses vacances, il faisait une suffragance à Asnières-lès-Bourges, une autre à Chambéry, où il avait la joie d'amener un militaire à la foi.

Mais le temps marchait. Le désir de Mabille était toujours de devenir missionnaire en Chine. Ses pensées et ses prières le portaient sans cesse vers cette immense et étrange contrée, vers « ces millions de créatures humaines qui y meurent sans connaître leur Sauveur », dont le souci avait été implanté dans son cœur par les paroles d'un Anglais de passage à Kendal. Le Comité de Paris se disposant à cette époque à envoyer des missionnaires en Chine, il semblait que

Mabille en tous les cas dût être l'un d'eux. Toute autre pourtant devait être sa destination. Une circonstance en apparence secondaire et toute personnelle était survenue, qui, sans qu'il l'eût prévu ou voulu, allait radicalement modifier son avenir.

Il avait fait, à la Maison des Missions, la connaissance de M$^{lle}$ Adèle Casalis, la fille aînée du directeur. Les deux jeunes gens s'étaient appréciés, puis aimés, puis fiancés. M$^{lle}$ Casalis, née ou Lessouto, était fille et nièce de missionnaires. Elle devait dans la suite devenir femme, mère, belle-mère, sœur, cousine et belle-sœur de missionnaires. Mais aux titres déjà si beaux qu'elle possédait lorsque Mabille fit sa connaissance, s'en ajoutait un plus grand et plus important encore : elle avait elle-même un cœur et une âme de missionnaire ; elle désirait se vouer à la carrière dans laquelle son père et sa mère avaient travaillé ; elle se sentait une vocation pour elle. Et c'était, dirons-nous, tout naturel.

Le désir, le besoin instinctif de retourner au Lessouto, dans leur pays natal et auprès de leurs parents, peuvent, dans certains cas, faire croire à des enfants de missionnaires qu'ils ont une vocation missionnaire, ou, pour dire le moins, leur

rendre plus facile le devoir d'obéir à une vocation
réelle, mais vague encore. Pourtant, qu'un enfant
de missionnaires, après avoir *vu* ses parents consacrer leur vie et leurs forces à cette belle carrière,
se sente porté à les imiter plus qu'un enfant né
en Europe qui, des missions, ne connaît que
quelques récits glanés dans des journaux religieux ou entendus à l'Ecole du dimanche, il n'y a
rien là que de très naturel.

M^lle Casalis avait vécu et grandi dans une
atmosphère essentiellement missionnaire. Elle
désirait devenir missionnaire elle-même, non
pour y suivre un mari, mais parce qu'elle voulait
travailler au salut des païens ; non pour retourner
dans son pays natal, puisque c'est en Chine
qu'elle devait aller. Elle avait toutes les qualités
requises pour devenir la compagne d'un homme
comme Mabille, prête qu'elle était à partager ses
joies et ses peines, ses travaux et ses espérances
— en un mot, pour devenir une vraie femme de
missionnaire.

Car si tout homme a besoin d'avoir auprès de
lui « une aide semblable à lui », elle n'est pour
personne plus nécessaire que pour le missionnaire. Quoique vivant au milieu de milliers de
créatures humaines, quoique aimant les noirs
comme des frères et des sœurs, il vit dans un

isolement dont seuls peuvent se rendre compte
ceux qui connaissent le caractère enfantin des
naturels, leur ignorance totale de la pensée et
des besoins intellectuels d'un Européen, l'absence de points de contact entre lui et eux sur
une foule de sujets qui pour lui sont de première
importance, et la différence de caractère qui
existe entre les représentants des deux races,
même au point de vue religieux, qui pourtant est
celui qui les rapproche et les unit le plus. Seul au
milieu de beaucoup d'hommes, portant les plus
lourdes responsabilités morales et spirituelles,
en lutte avec les difficultés les plus grandes et
les plus diverses, appelé à prendre de graves
résolutions et à traverser des temps de vraie
angoisse, c'est auprès de sa femme seule que le
missionnaire peut trouver cette aide semblable à
lui qui le soutient, le conseille, et le reprend...
à condition, pourtant, qu'elle ne s'assimile pas à
lui, par amour sans doute, mais à tort, au point
d'être tellement semblable à lui qu'elle ne soit
plus qu'un autre lui-même, et ne reconstitue
ainsi cette solitude même qu'elle était appelée à
faire cesser.

Pour ce qui concerne M<sup>lle</sup> Casalis, cet écueil
n'était guère à redouter. En acceptant l'amour de
Mabille et le privilège de devenir sa femme, elle

en acceptait aussi les responsabilités et les charges. Elle devait, pendant trente-cinq années, se
tenir sur la brèche, au premier rang, à côté d'un
homme qui, ne se ménageant jamais lui-même,
s'attendait à ce que les siens fussent, comme lui
et avec lui, consacrés sans réserve, corps et âme,
aux travaux qu'il entreprenait et au Dieu qu'il
servait.

Qu'on nous pardonne — et que M^{me} Mabille
elle-même nous pardonne — d'avoir peut-être
trop parlé d'une personne encore vivante et
qui continue, à Morija même, à vouer à l'œuvre
de son défunt mari ce qu'il lui reste de forces
physiques et toutes les énergies de son cœur. Si
nous l'avons fait, c'est parce que, dans notre
conviction, M. Mabille n'aurait pu faire tout ce
qu'il a fait, s'il n'avait été secondé par une femme
digne de lui, partageant son ardeur, et capable
de comprendre ses idées et de l'aider à les mettre
à exécution.

Tout en avisant aux moyens de fonder une
mission en Chine, le Comité des Missions ne perdait pourtant pas de vue le Lessouto, d'où lui
arrivaient de pressantes demandes de renforts
pour combler les vides qui venaient de se produire dans la petite bande d'ouvriers qui y tra-

vaillaient. Mabille semblait tout qualifié pour y
être envoyé. Sa fiancée, née au Lessouto et connaissant encore la langue du pays, familiarisée
avec les mœurs des Bassoutos, devait singulière-
ment y faciliter les débuts de son futur mari.
Cette dernière considération amena le Comité à
modifier les vues qu'il avait d'abord eues sur la
destination de Mabille, et il décida, en conséquence, que ce dernier serait envoyé sans retard
au sud de l'Afrique.

Ce changement de destination fut pour lui une
véritable déception. Son cœur appartenait à la
Chine, dont le nom restait étroitement associé à
ses émotions religieuses les plus fortes et aux
étonnements joyeux de sa consécration à l'œuvre
des missions. Mais il n'était pas homme à contester avec Dieu, ou à ne voir que des circonstances ou des résolutions humaines là où sa foi
lui montrait le Maître qui l'avait enrôlé et disposait de sa personne. Il savait que l'obéissance est
le premier devoir d'un soldat de Jésus-Christ.
Désormais ses regards se tournèrent du côté de
l'Afrique méridionale, pour laquelle il ne devait
pas tarder à partir.

La période des fiançailles ne fut pas longue.
La correspondance de Mabille avec sa future
compagne leur servait à tous deux de prépara-

tion à leur activité à venir. Il y parlait moins d'amour que de missions ; ses lettres étaient sérieuses et profondément religieuses. Il était autant le pasteur de sa fiancée qu'autre chose. Aimer Dieu et le servir était le fondement même, solide et durable, de l'union qu'ils allaient bientôt contracter.

Le mariage eut le lieu le 17 mai 1859, dans le temple de l'Oratoire. Quelques semaines plus tard, une autre cérémonie réunissait de nouveau dans le même édifice, les amis de la famille Casalis et des missions : celle de la consécration de MM. A. Mabille et P. Germond. C'était le 3 juillet, pendant que des salves d'artillerie annonçaient à Paris la victoire de Solférino.

La consécration d'un missionnaire est une des plus belles et des plus bienfaisantes solennités religieuses auxquelles un chrétien puisse assister. L'Eglise s'est rassemblée pour manifester d'une manière visible et complète son obéissance à son Chef et sa ferme résolution de rester fidèle au mot d'ordre sacré qu'il lui a donné. Elle est « le corps de Christ » qui, par l'imposition des mains, voue à l'extension du règne de Dieu dans le monde un de ses membres que Dieu a choisi en lui adressant un appel. C'est mot à mot la répé-

tition de la scène que nous raconte le livre des
Actes des Apôtres : « Le Saint-Esprit dit : « Met-
« tez-moi à part Barnabas et Saul pour l'œuvre à
« laquelle je les ai appelés. » Alors, après avoir
jeûné et prié, ils leur imposèrent les mains et les
laissèrent partir. »

L'Eglise a conscience qu'après avoir consacré
des pasteurs pour entretenir et développer sa
propre vie, elle doit consacrer des missionnaires
pour porter et répandre cette même vie dans les
pays encore païens, et « jusqu'aux extrémités de
la terre ». Elle veut, par l'intermédiaire de ces
messagers de l'Evangile, qui sont ses représentants authentiques et autorisés, continuer et
achever l'œuvre de conquête et de délivrance
commencée par Jésus lui-même et confiée par lui
à sa fidélité. Les horizons infinis et éternels s'ouvrent au regard de sa foi sur les temps, encore
éloignés sans doute, de son triomphe, hâtant et
préparant leur avènement par ses entreprises en
pays païens.

En présence de cette tâche essentiellement
chrétienne et devant le monde encore plongé
dans les ténèbres, elle oublie les déplorables divi-
sions qui trop souvent l'affaiblissent. Les divergences théologiques et ecclésiastiques qui séparent ses pasteurs et ses membres, lui paraissent

alors petites, parce qu'elles sont réduites à leurs exactes proportions dès qu'elles sont placées en présence des vrais intérêts du royaume de Dieu et de l'humanité. Autour d'un missionnaire que l'on consacre, il n'y a plus diverses Eglises ; il ne reste que l'Eglise du Christ, toujours unie en lui, unie pour lui, unie pour achever son œuvre et pour triompher avec lui. L'union se fait sur le terrain de l'action et pour la guerre sainte. Elle se fait ? Non, elle s'affirme. Car elle existe, Dieu merci, en dépit des petites vagues qui agitent la surface de ses eaux profondes.

Belle et bienfaisante aussi est l'action du jeune missionnaire. Donner sa force, sa jeunesse et sa vie à Dieu qui les réclame, parfois avec la connaissance très claire des dangers auxquels il sera exposé sous des climats mortels ou parmi des peuples cruels et perfides, quitter son pays et sa parenté, pour marcher vers un inconnu mystérieux qui lui paraît redoutable, — faire cela par obéissance et en disant : « Me voici, ô Dieu, pour faire ta volonté », ce n'est pas méritoire, assurément, car lui plus que tout autre doit s'écrier : « Malheur à moi si je n'évangélise ! », mais c'est beau et bienfaisant. A cette vue, les chrétiens se rappellent les responsabilités oubliées et les devoirs négligés. Le spectacle de ceux qui se don-

4.

nent réveille ceux qui doivent donner. Le missionnaire qui part représente aux yeux de ceux qui restent l'héroïsme chrétien, qui existe dans bien des presbytères et dans bien des chaumières, mais invisible et connu de Dieu seul, alors qu'il doit aussi être visible et connu des hommes, pour les élever à la hauteur de leurs devoirs chrétiens. Et quand ce sacrifice théorique de sa vie s'accomplit réellement, soit sous le fer des assassins, soit sous l'action meurtrière de fièvres paludéennes, l'Eglise, un instant consternée, se relève plus zélée et plus généreuse, pour multiplier ses offrandes et envoyer aux avant-postes de nouveaux enfants perdus de la foi.

Un des rôles de l'œuvre des missions, n'est-ce pas de placer en présence de l'Eglise et du monde des exemplaires authentiques de cet héroïsme chrétien, en produisant de ces martyrs dont nos pères disaient que « leur sang est le fumier avec lequel on engraisse la vigne du Seigneur » ?

Dans l'allocution que prononça Mabille à cette occasion, nous ne voudrions relever que deux paroles qui nous semblent tout particulièrement caractéristiques, et qui étaient en quelque sorte le programme qu'il s'était tracé pour sa vie intérieure et pour son activité à venir :

« Avec Jésus, disait-il, le chrétien a tout ce qui lui est nécessaire, et il est tout ce qu'il doit être pour le Seigneur ; car Jésus devient son tout. Et ainsi, pour nous en particulier, il sera tout à nous et nous serons tout à lui. » La personne de Jésus, Jésus vivant, saisi par la foi du croyant, tel fut toujours le centre de sa vie religieuse et la source inépuisable de sa force. Trente-cinq ans plus tard, le jour même de sa mort, il s'écriait encore avec ferveur : « Jésus, mon tout ! »

Et il ajoutait : « Il y a deux ans, je disais à Coillard que je ne désirais autre chose pour lui, sinon qu'il pût blanchir au service de son Maître. C'est le même vœu que je fais aujourd'hui pour mon compagnon d'œuvre et pour moi-même. Car il me semble qu'il n'y a rien de plus beau et de plus désirable ici-bas qu'une longue vie toute consacrée à Dieu. Oui, demandez avec nous aujourd'hui que notre ministère dure autant que notre vie, et qu'à Dieu seul en revienne toute la gloire... »

Cette vie toute consacrée à Dieu, elle lui a été accordée. Il a blanchi (trop tôt, hélas !) au service de son Maître. Son ministère a duré autant

que sa vie. Il a donc été de ces quelques privilé-
giés qui, ayant tracé pour la vie un programme
conforme à leur idéal, ont aussi eu la joie de
le réaliser complètement.

Après la consécration et ses émotions saintes
et fortifiantes, il restait à franchir la douloureuse
étape des adieux. Un cœur voué à Dieu est pourtant encore un cœur d'homme, gardant ses affections légitimes et avec elles la capacité d'être
déchiré par la souffrance et les séparations. M. et
M^me Mabille firent parmi leurs parents et amis le
douloureux pèlerinage des adieux. A Yverdon,
ils serrèrent dans leurs bras ce père et cette mère
qu'ils ne devaient plus revoir sur cette terre, les
devoirs de son ministère n'ayant pas permis à
M. Mabille de retourner en Europe à temps pour
les voir une dernière fois.

Un court séjour à Genève leur fournit l'occasion d'y lier, parmi les chrétiens d'élite qui s'y
trouvent, des connaissances et des amitiés des
plus précieuses. Sous l'impulsion de M^lle Betsy
Cellerier se formait une société d'amis des missions avec laquelle M. et M^me Mabille restèrent
toujours en relations étroites et qui, se trans-
formant en une sorte de Comité s'intéressant
spécialement à leurs travaux, leur fournit, sans

relâche et sans fatigue, les subsides considérables grâce auxquels plusieurs des entreprises
les plus importantes de M. Mabille purent être
lancées et menées à bonne fin. Si la mission du
Lessouto possède aujourd'hui cette institution
excellente, qui est l'Ecole biblique de Morija,
c'est en grande partie à ce Comité de Genève
qu'elle doit sa fondation, son développement et
son existence actuelle.

# CHAPITRE III

## DE PARIS A MORIJA

———

Le 13 juillet 1859, M. et M^me Mabille quittaient Paris, traversaient la Manche, et allaient rejoindre à Gravesend le vaisseau qui devait les transporter, avec M. et M^me Germond, au sud de l'Afrique.

On ne disposait pas encore, à cette époque qui nous paraît si lointaine, de ces grands paquebots qui traversent l'Océan Atlantique dans toute sa longueur, en seize ou dix-huit jours, et où sont accumulées toutes les ressources matérielles que la science et l'industrie humaines ont imaginées pour diminuer les désagréments, les privations et les dangers des longues traversées. Seuls, des vaisseaux à voiles faisaient le service entre l'Europe et la ville du Cap. En quittant l'Angleterre, le *Hero* dut, pour chercher les vents nécessaires à sa bonne marche, se diriger vers le sud-ouest et aller reconnaître la pointe nord-est de l'Amérique du Sud. Virant alors vers le sud-est, il se laissait pousser par les vents qui devaient l'amener dans les environs du Cap de Bonne-Espérance, but et terme de son voyage.

Compter sur les vents est chose absolument nécessaire pour un voilier, mais combien incertaine ! Des temps de calme qui laissent pendre les voiles, inertes et paresseuses, le long des mâts. Des sautes de vent qui prennent le navire en face et lui barrent le passage. Effort des navigateurs pour profiter, en louvoyant, des éléments qui leur sont contraires. Dans ces conditions, une traversée devient longue et éprouvante. Il ne fallut pas moins de cent jours au *Hero* pour arriver au port — cent jours en apparence interminables et que les circonstances où se trouvaient les passagers rendaient plus désagréables encore. Les vivres finirent par devenir rares et par s'avarier ; l'eau douce même était parcimonieusement distribuée aux voyageurs.

Ces derniers, peu nombreux, n'étaient pas sympathiques à nos missionnaires et ne se gênaient pas pour le leur faire sentir. C'était le temps où ce qu'on peut appeler « l'esprit colonial » n'avait pas encore été éclairé et corrigé par des souffles de piété intelligente et de générosité humaine.

Des missionnaires, qu'était-ce donc ? Des amis de ces noirs que le colon de race européenne méprise encore plus qu'il ne les hait ; des hommes naïfs et assez fous pour consacrer leur vie à une œuvre impossible et mauvaise, celle d'instruire, de civiliser et de christianiser les sauvages ; des utopistes dangereux qui, par le seul fait qu'ils voulaient élever les noirs, devenaient en quelque sorte les ennemis des blancs. « Les nègres sont nos ennemis naturels », disait encore, il y a dix-sept ans, en plein Parlement, un ministre de la Colonie du Cap. Les blancs, répètent encore maintenant certains fermiers hollandais de la vieille école, sont le peuple d'Israël chargé par Dieu d'exterminer les noirs, ces Cananéens du sud de l'Afrique, et de s'emparer de leurs territoires comme d'un autre pays de la promesse. Ne lisons-nous pas cette année même, dans un des principaux journaux de la ville du Cap, des lettres à lui envoyées par « son correspondant spécial », qui représentaient le Lessouto comme un pays sans utilité (1), qu'il fallait se hâter d'ouvrir aux fermiers et aux chercheurs d'or blancs, oubliant dans sa naïveté (espérons qu'il n'y avait que cela !) les 250.000 Bassoutos qui en sont

------

(1) En anglais : *A wasted country.*

les propriétaires légitimes et qui y trouvent, par leur travail, ce qui est nécessaire à leur existence ?

Et puis, disait-on encore, à quoi bon instruire les nègres ? D'abord, ils ne peuvent devenir chrétiens. « Si, en entrant au ciel, j'y rencontrais un nègre, je prendrais mon chapeau et je repartirais » ; voilà une mauvaise plaisanterie que répètent volontiers les blancs qui n'ont pas encore dépouillé le vilain esprit des temps passés. Vous n'avez d'ailleurs rien à craindre à cet égard. Une excellente fermière, pieuse et généreuse, nous disait candidement, il n'y a pas bien longtemps, qu'en toute sincérité elle ne croyait pas qu'un noir pût être appelé à hériter de la vie éternelle. Ne cherchez donc pas à en faire des chrétiens. Et surtout, ne les instruisez pas ! Un nègre instruit devient un mauvais domestique. Parlez-nous des païens ignorants, au naturel ! Ce sont ceux-là qui sont obéissants, travailleurs et fidèles. La meilleure manière de civiliser les noirs, c'est de les supprimer. L'Afrique aux Africains, voilà la devise que l'on répète à satiété au sud de l'Afrique, et qu'il faut ainsi interpréter : l'Afrique aux Européens et à leurs descendants nés en Afrique ; et non pas : l'Afrique aux peuples africains qui en sont les enfants et les premiers occupants.

Que cet esprit colonial soit le produit de l'immense supériorité que le dernier des blancs, le plus avili et le plus ignorant, croit posséder sur n'importe quel noir ; qu'il soit la cause ou le prétexte de haines de race, de déprédations et d'injustices, dont les forts se rendent coupables à l'égard des faibles ; qu'il s'associe à une piété réelle, mais étroite, ignorante et bornée, ou qu'il soit le complément naturel des convoitises, de la soif de lucre, du désir de se faire une place au soleil, de posséder une ferme ou d'acquérir rapidement une grande fortune, il importe peu et nous n'avons pas à l'expliquer ici. Nous avons dû le constater. Mais nous ajouterons avec joie que, de nos jours, il disparaît peu à peu, sous l'influence d'idées plus généreuses et plus justes, et surtout sous celle des pasteurs anglais et hollandais de la jeune génération, formée à l'école de chrétiens excellents, comme le pasteur Andrew Murray, et à la Faculté de théologie hollandaise de Stellenbosch.

A l'époque où M. Mabille arrivait en Afrique, l'antipathie des blancs contre les noirs était encore générale, et nos missionnaires en subissaient le contre-coup même sur le navire qui, lentement, les amenait au Cap de Bonne-Espérance. Les mesquines taquineries et les paroles blessantes ne leur étaient pas épargnées. Pour s'en distraire et quelque peu remplir ses loisirs forcés, M. Mabille, qui ne sut jamais supporter l'inaction, consacrait de longues heures à étudier le sessouto (1) sous la direction de sa jeune femme, et composait pour son usage particulier un vocabulaire sessouto-français, dont nous aurons à reparler dans la suite de ce récit.

Grande fut donc la joie à bord du *Hero,* quand, le 30 octobre, on vit émerger des eaux de l'Atlantique, la silhouette encore indistincte et grisâtre de la Montagne de laTable. Et grand fut aussi le soulagement quand, après avoir été tantôt bercé, tantôt ballotté par la mer sans fin, on put de nouveau fouler du pied la terre ferme et du même coup recouvrer sa liberté.

Quelques visites à des familes qu'avait autrefois connues M^me Mabille, des préparatifs de voyage indispensables, et M. et M^me Mabille partaient pour la petite ville de Wellington, où ils devaient voir l'un des trois premiers missionnaires que la Société de Paris avait envoyés au sud de l'Afrique, le vénérable Isaac Bisseux.

---

(1) On sait que le sessouto est la langue des Bassoutos, le Lessouto leur pays, et qu'un membre de la tribu est appelé, au singulier, un Mossouto.

Qu'on nous permette ici une remarque étrangère à notre sujet, mais qui n'en a pas moins son importance. Bien des gens estiment et disent qu'il y a très longtemps que la Société de Paris travaille au sud de l'Afrique ; que les progrès sont lents et hors de proportion avec la durée et la grandeur des efforts déjà faits : « Il serait temps, disent-ils, que nous dirigions d'un autre côté notre sollicitude, nos dons et nos missionnaires. Soixante-quatre ans, c'est une bien longue période de temps. » Et pourtant, ce même M. Bisseux, qui quittait Paris en 1833 avec MM. Lemue et Rolland, est mort l'année dernière seulement ! Ces soixante-trois années, qui nous paraissent si longues, ne représentent pas même la durée normale d'une vie d'homme. Nous croyons que le règne de Dieu avance lentement, parce que nous consultons le cadran de notre horloge humaine et non celui de l'horloge de Dieu, pour qui « mille ans sont comme un jour ». Nous murmurons et nous nous impatientons. Il faudrait au contraire consulter l'histoire de l'Eglise et estimer que ces soixante-trois années, qui se sont écoulées depuis le départ de nos premiers missionnaires, ne sont qu'une infime tranche de l'éternité ; que, pendant ce court laps de temps, le règne de Dieu a fait, en Afrique et dans le monde entier, des progrès merveilleux ; que les progrès à venir seront probablement en proportion géométrique de ceux du passé, et que les temps ne sont pas éloignés où l'Evangile aura été annoncé à toute créature humaine, selon l'ordre précis du Seigneur. Après quoi viendra la fin.

Les jours que M. et M^me Mabille passèrent auprès de M. Bisseux furent consacrés à jouir de la frugale hospitalité et des expériences de ce fidèle ouvrier de Dieu, et à achever des préparatifs assez compliqués pour effectuer le voyage de la pointe sud-ouest de l'Afrique au pays des Bassoutos.

Ils pensaient ne s'arrêter que fort peu de temps à Wellington, juste le temps qu'il faudrait pour recruter deux conducteurs pour le lourd chariot qui allait être leur demeure roulante pendant plusieurs semaines, et acheter les douze bœufs qui devaient le tirer. Ce n'est pourtant qu'au bout de trois semaines que cette double tâche, si simple en apparence, fut terminée. Trois semaines d'inaction presque complète, pour embaucher deux hommes et trouver six paires de bœufs ! N'a-t-on pas dit avec raison du sud de l'Afrique que ceux qui y arrivent ayant de la patience l'y perdent, et que ceux qui n'en ont pas l'y apprennent !

Tout finit par s'arranger. On put enfin partir. « En avant ! A l'œuvre ! » Telle était la préoccupation du jeune missionnaire, que les retards africains avaient plus qu'étonné. Le voyage, pendant lequel les accidents et les incidents ne manquèrent pas, s'effectua avec une rapidité extraordinaire : « En quatorze jours, écrivait-il dans son journal, grâce au Seigneur, nous avons fait ce qu'on ne fait généralement qu'en vingt-huit jours, et s'il nous est donné de continuer comme nous avons commencé, nous achèverons en un mois un voyage qui en prend d'habitude au moins deux. » Faire beaucoup, faire vite, ne pas perdre de temps, c'était alors déjà le principe et le caractère même de M. Mabille. Et pour ce faire, il payait de sa personne sans ménagements. « Nous nous levons à trois heures du matin pour partir immédiatement... A dix heures nous détélons pour préparer le dîner... A quatre heures nous attelons de nouveau, pour ne nous arrêter qu'à dix ou onze heures ; puis il faut encore souper, en sorte que nous ne dormons pas beaucoup la nuit ; mais enfin nous avançons, et c'est l'essentiel. » Voyager avec une telle précipitation n'est point du tout conforme aux habitudes et au tem-

pérament sud-africain. Mais au point de vue de
la lenteur, du laisser-aller et de la résignation,
M. Mabille ne fut jamais sud-africain.

Le 12 janvier 1860, nos voyageurs arrivaient
à la première station française, Béthulie, chez
M. et M^{me} Pélissier. Quelques jours plus tard,
ils étaient à Carmel, dans la famille Lemue,
où ils passaient une quinzaine de jours. Un peu
plus tard, ils arrivaient à Hermon, qu'occupaient
alors M. et M^{me} Dyke et où ils se trouvaient
en famille, M. Dyke étant l'oncle maternel de
M^{me} Mabille.

Après les premières effusions de joie, à travers
ces conversations sans fin par le moyen desquelles
les nouveaux arrivants mettent leurs devanciers
au courant des choses d'Europe, incomplètement
apprises par des lettres et des journaux, on parlait de la mission du Lessouto, de son état actuel
et de ses besoins. M. Mabille s'étonnait que les
missionnaires n'eussent pas encore traduit et
imprimé la Bible entière dans la langue des Bassoutos. Il fallait s'y mettre tout de suite, et vigoureusement pousser ce travail déjà commencé,
mais bien loin encore d'être achevé. Il ne savait
pas le sessouto, mais il pouvait tenir une plume
et écrire la traduction que lui dicterait M. Dyke.
On commencerait par le livre de Josué, tout de

suite... Et l'on s'y mit. La traduction du livre de Josué fut entreprise et menée à bonne fin. L'idée de hâter de toutes ses forces le jour où la Parole de Dieu tout entière serait placée entre les mains des chrétiens du Lessouto, était entrée dans l'esprit de M. Mabille dès le premier jour, pour n'en plus sortir. Elle devait être une des grandes préoccupations de sa vie et absorber beaucoup de son temps et de son travail. C'est lui aussi qui, vingt-deux ans plus tard, devait avoir l'honneur et la joie de présenter aux Protestants de Paris, réunis à l'Oratoire du Louvre, puis quelques semaines plus tard à ceux du Lessouto, le volume sacré tout entier, à la préparation duquel il avait tant travaillé et dont il avait surveillé avec amour l'impression en Europe.

Sans perdre de temps, M. Mabille se mettait aussi au courant des choses de la mission, et faisait la connaissance de ses nouveaux collègues et de leurs stations. Une course rapide le conduisait d'Hermon à Hébron, où demeurait la famille Cochet. Il allait ensuite à Morija, Thaba-Bossiou, Bérée, Mékuatling et Mabouléla, payant son tribut au métier de cavalier improvisé en faisant deux chutes de cheval, sans conséquence grave, heureusement.

A la fin du mois d'avril, la Conférence (1) des missionnaires se réunissait à Béthulie et décidait du placement de MM. A. Mabille et P. Germond. Le second était envoyé à Béthesda, le premier à Morija, pour y remplacer M. Arbousset qui, après vingt-huit années de travail, se préparait à quitter le Lessouto pour toujours.

Encore un voyage, cette fois en wagon, à Thaba-Bossiou et à Bérée, pour permettre à M^me Mabille de voir les familles missionnaires de ces stations, vieilles connaissances des temps de sa jeunesse, avec lesquelles elle allait renouer ces relations étroites qui faisaient autrefois des familles missionnaires une seule et même chose. Les parents étaient un peu les oncles et les tantes de tous les enfants, les enfants étaient les neveux et les nièces de tout le monde ; intimité charmante, dont le temps et les circonstances ont quelque peu modifié les manifestations antérieures, au grand regret de quelques-uns.

Enfin, le 7 juin 1860, M. et M^me Mabille arri-

---

(1) On appelle Conférence le corps des missionnaires du Lessouto, qui se réunit chaque année dans l'une des stations pour délibérer sur tout ce qui se rapporte à la mission et prendre des décisions qui ne deviennent valables que quand le Comité directeur de Paris y a donné son assentiment.

vaient au poste que la Conférence leur avait assigné, à ce Morija auquel ils devaient consacrer
toute leur vie et qui, grâce à leur travail, devait
prendre un nouvel essor, devenir la station principale du pays et un foyer de vie et de lumière
dont les rayons s'étendraient au loin, au delà
même des frontières du Lessouto.

CHAPITRE IV

# LA MISSION DU LESSOUTO EN 1860

Avant de suivre M. Mabille à travers les diverses phases de son ministère, nous croyons nécessaire d'indiquer, aussi brièvement que possible, l'état dans lequel se trouvait la mission du Lessouto, quand il prit sa place parmi ceux qui la servaient. Aussi bien le rôle particulier que joua M. Mabille dans ses développements ultérieurs ne saurait être compris et apprécié à sa juste valeur, si l'on ne se rendait compte du passé de cette œuvre et de la situation dans laquelle il la trouva. Il ne s'agit pas, bien entendu, de refaire une histoire que d'autres ont retracée dans ses détails (1), mais simplement de caractériser en quelques lignes ce qu'était cette mission au moment particulier dont nous nous occupons.

______

(1) E. Casalis. *Mes souvenirs.* — Th. Jousse. *La mission française évangélique au sud de l'Afrique.*

Il y avait vingt-sept ans que des missionnaires de la Société de Paris travaillaient à l'évangélisation et à la conversion des Bassoutos. Ils avaient patiemment fait leur œuvre de pionniers ; ils avaient, au prix de labeurs incessants et en dépit de difficultés innombrables, défriché un terrain encore inculte et recueilli les premières gerbes : des Bassoutos en assez grand nombre avaient été baptisés, des Eglises avaient été fondées. La tribu elle-même, après s'être étonnée, puis effrayée de l'œuvre entreprise par ces étrangers, après avoir redouté de les voir saper à leur base ses coutumes nationales et ses institutions héréditaires, avait partiellement pris son parti de leur présence et accepté le fait qu'un grand nombre de ses membres pourraient adhérer à la religion des blancs et adopter leurs coutumes. La mission française, et avec elle l'Eglise de Christ et son Evangile, avaient donc conquis droit de cité parmi les Bassoutos et obtenu ses lettres de naturalisation.

L'Eglise elle-même avait traversé sans succomber, mais non sans peine, les épreuves de l'âge critique. Après les années des grands succès, pendant lesquelles on avait vu bon nombre d'hommes et de chefs faire profession de croire et recevoir le baptême, étaient venus des temps douloureux où se produisirent de nombreuses et retentissantes défections, en particulier celle des chefs, entraînant, hélas, celle de beaucoup de leurs hommes. Car « nous suivons nos chefs », ne disent que trop, aujourd'hui encore, les hommes de la tribu.

Ces apostasies avaient été une épreuve et une épuration. La masse des chrétiens restés fidèles à la foi avait prouvé, par sa persévérance même, que ses convictions religieuses et son attachement à Dieu étaient réels et de bon aloi. Il y avait une Eglise du Lessouto, avec ses missionnaires européens et quelques écoles ; un assez grand nombre de ses membres avaient appris qu'évangéliser leurs compatriotes était un devoir pressant qui leur incombait, et s'efforçaient de l'accomplir dans la mesure de leurs capacités. Le Nouveau Testament, un petit livre de cantiques, quelques livres d'école, avaient été imprimés, soit dans la Colonie du Cap, soit dans la station de Béerséba, où la mission possédait une presse.

On ne saurait assez remarquer et louer la sagesse avec laquelle fut dirigée, pendant cette première période de son existence, la mission du Lessouto, le soin que mirent les missionnaires à avancer avec une prudente lenteur, la préoccupation qui les animait de poser un solide fonde-

ment avant d'entreprendre la construction de
l'édifice lui-même, et de ses annexes, qu'ils rêvaient pourtant grand et beau.

Sans doute leurs successeurs actuels osent parfois leur reprocher certaines erreurs de jugement
qu'ils reconnaîtraient probablement eux-mêmes,
si, étudiant aujourd'hui les questions de morale
et de discipline ecclésiastique qu'ils avaient tran-
chées en 1840, ils les envisageaient à la lumière
des idées et des principes contemporains. Nous
trouvons, plusieurs d'entre nous du moins, qu'ils
n'ont pas assez marqué la distinction, si réelle
pourtant, qu'il faut faire entre ce qui est proprement le paganisme et ce qui n'est que coutumes
africaines. Coutumes grossières sans doute,
notions morales rudimentaires, telles qu'on les
trouve aux plus bas échelons de la vie des peuples non civilisés ; mais pourtant coutumes qui
ne sont pas en soi incompatibles avec les principes religieux du christianisme et la loi divine.
On aurait peut-être pu, pensons-nous, au lieu de
briser les cadres anciens et de réprouver certaines coutumes des Bassoutos, les respecter,
essayer d'en éliminer les éléments qui seraient
décidément reconnus mauvais aux yeux de Dieu,
émonder, corriger, spiritualiser, plutôt que condamner ou supprimer. On aurait dû croire que

l'Esprit de Dieu, en s'introduisant dans la vie sociale d'un peuple, peut y produire, par un travail normal et sage, des transformations bien plus légitimes que celles que des hommes cherchent à y opérer brusquement et comme par un acte d'autorité. On aurait pu, croyons-nous encore, faire la porte du royaume des cieux moins étroite, ou tout au moins ne pas la rendre plus étroite que ne l'a fait l'Evangile. On aurait pu se dire qu'un noir africain peut être très bon chrétien, tout en vivant, au point de vue social, d'une manière très différente des us et coutumes des Européens, de leurs goûts et de leurs convenances.

Un des plus grands problèmes qui se pose devant une mission nouvelle consiste justement dans la tâche de discerner, parmi les coutumes des peuples qu'elle veut amener au christianisme, ce qui peut coexister avec la foi chrétienne dans le cœur et dans la vie des gens ; de ne condamner que ce qui est absolument et évidemment péché, et d'instituer une discipline ecclésiastique large et élastique, respectueuse de tout ce qui peut honnêtement être approuvé ou toléré. Cette attitude prudente et si conforme à l'esprit et à la pratique de Jésus n'empêcherait pas les missionnaires de travailler peu à peu au développement moral et social de leurs néophytes. Mais, avant tout, ils compteraient sur la puissance épuratrice de l'esprit chrétien lui-même, ennemi des révolutions, mais qui est essentiellement un principe d'évolution, un éducateur intérieur, une lumière grandissante devant laquelle se dissipent peu à peu les ténèbres du passé...

Oui, on peut penser tout cela au sujet de nos premiers missionnaires ; on peut même le dire et l'écrire. Il n'en reste pas moins vrai qu'avec sagesse et prudence ils ont voulu constituer l'Eglise du Lessouto sur la base inébranlable de la conversion et de la foi en Jésus-Christ ; qu'ils l'ont établie sur le fondement des Apôtres et des Prophètes, Jésus-Christ en étant la pierre angulaire et sa Parole le principe vivifiant.

A cette base ils ont ajouté des traditions pour la plupart excellentes, qui règnent encore dans l'Eglise du Lessouto, qui ont assuré l'unité de sa marche et la continuité de ses efforts vers un but se dessinant toujours d'une manière plus nette et plus attrayante. Ils ont posé des principes, introduit des habitudes, créé une atmosphère et un milieu, dans lesquels peuvent se développer et grandir les nouveaux convertis.

Bref, les vingt-sept premières années avaient

été consacrées à fonder une Eglise. Les premiers missionnaires s'étaient avant tout préoccupés de planter fortement dans le sol le jeune arbre qui devait plus tard devenir grand et étendre ses branches au loin. Ils n'avaient pas voulu introduire des rouages nouveaux, et nécessaires à une action plus étendue de leur œuvre, avant d'avoir soigneusement préparé le ressort moteur et soumis sa puissance à des essais prolongés et décisifs. Plutôt que de s'exposer à des échecs désastreux pour la mission, ils avaient retardé le moment où ils feraient appel à la collaboration de leurs néophytes, fonderaient des écoles supérieures et confieraient à des chrétiens indigènes des responsabilités qui pourraient dépasser leurs capacités.

La première période de l'histoire de la mission du Lessouto prenait cependant fin, sans qu'aucun fait visible l'indiquât, ou plutôt sans que l'on sût que celui qui devait être l'inspirateur des progrès de la seconde période était arrivé.

Nous croyons fermement et de tout notre cœur que Dieu, quand il veut introduire une idée féconde dans le monde ou lancer son Eglise dans une voie nouvelle, choisit l'homme auquel il confiera cette pensée ou cette tâche nouvelle, le pré-

pare dans le silence, et le charge d'une mission
au moment qu'il sait être nécessaire ou favorable.
Cet homme n'a eu ni songes, ni visions, ni entretiens avec Dieu face à face ou bouche à bouche.
La pensée nouvelle, il ne l'a pas cherchée ; elle
n'est pas le produit du travail personnel de sa
réflexion. Il la trouve en lui. Elle est là. Elle
s'impose. Elle le presse. Elle le pousse à l'action.
C'est Dieu qui, par ces moyens mystérieux dont
il possède seul le secret, l'a déposée en lui, et l'a
ensuite envoyée dans le monde pour la mettre en
valeur et lui faire produire les développements
qui y sont contenus à l'état de germe.

Nous sommes convaincu que, pour le Lessouto, cet homme providentiel, arrivant au
moment voulu et porteur d'idées fécondes et saines,
ce fut M. Mabille, ce nouveau missionnaire dont
nous venons de raconter la jeunesse et la préparation. Il était jeune — il n'avait que vingt-cinq
ans ; il ne possédait ni connaissance spéciale, ni
expérience étendue de la nature et de l'œuvre
des missions. Il n'apportait pas non plus de
théorie toute faite, dont il aurait résolu d'imposer ou de précipiter la réalisation. Mais il avait
un cœur brûlant pour le service de Dieu, un
esprit ouvert et toujours en éveil, une volonté
tenace, une capacité de travail extraordinaire,

une foi absolue dans le secours de Dieu. Ce n'était pas un rêveur ; c'était un caractère, c'était un homme et un chrétien, dans toute l'acception de ces deux noms si beaux.

Nous allons le voir à l'œuvre et dire ce qu'il a fait et ce qu'il a été.

## CHAPITRE V

# LES PREMIÈRES ANNÉES.
# ACTIVITÉ PASTORALE

---

Un des traits les plus frappants de la vie de
M. Mabille, c'est qu'on le retrouve tout entier
dans les cinq premières années de sa carrière
missionnaire. Tandis que d'autres débutent par
une période plus ou moins longue d'études et de
tâtonnements, il entre d'emblée dans la carrière,
de plain-pied ; dès l'abord il conçoit et entre-
prend des innovations qui seront l'occupation de
toute sa vie et lui donneront sa physionomie particulière. Son programme est tracé dès les premières années de sa vie ; il est vaste et hardi, et
ce n'est pas à l'état de simples possibilités ou de
germes invisibles et inconnus que s'y trouvent
les grandes pensées de ce grand cœur. Elles
sont conscientes, raisonnées et formulées. Aussitôt conçues, elles reçoivent un commencement
d'exécution, dont la réalisation est poussée année
après année avec fidélité et persévérance. Une

guerre entre les Bassoutos et les Boers de l'Etat libre de l'Orange coupe en deux parties très inégales cette vie uniforme et complète dès ses débuts. En réalité, il n'y a pas eu de développement très marquant, pas de changement important dans le déploiement de cette activité féconde. Comme celui qui l'avait dressé, le programme de cette vie était d'une seule pièce, et il l'exposait et l'expliquait très peu de temps après avoir pris possession de son poste de Morija.

M. Mabille avait été appelé à remplacer, à la tête de cette Eglise, M. Thomas Arbousset. Il n'est pas de notre compétence de tracer ici un portrait de ce vaillant missionnaire, de cet évangéliste original, dont les méthodes et l'activité ont laissé des traces si profondes dans la mission du Lessouto et des souvenirs indélébiles dans l'imagination des chrétiens de la première génération. C'est lui qui avait fondé la station de Morija et qui avait fait l'éducation religieuse de centaines de Bassoutos convertis par son ministère. C'est lui qui avait donné à cette Eglise des traditions, un esprit de corps et une stabilité qui préparaient à son successeur à la fois un champ de travail bien ensemencé et des moyens d'action abondants. Evangéliser les païens avait été sa grande préoccupation et son travail de prédilection. M. Mabille, animé du même esprit, n'avait qu'à suivre son exemple et à appliquer ses principes, en en tirant toutes les conséquences pratiques qu'ils comportaient. Il écrivait, avec raison, qu'il ne faisait que continuer ce que M. Arbousset avait commencé.

Les débuts de M. et M^me Mabille à Morija ne furent pas faciles. M. Mabille était feu et flammes en prenant possession de son poste, ne demandant qu'à dépenser sans compter le grand capital de zèle et de forces qui s'était accumulé en lui pendant la période de préparation qu'il venait de traverser, impatient de se jeter avec toute sa fougue dans l'œuvre qui lui avait été assignée. Mais il y avait d'abord à déblayer un terrain passablement encombré d'obstacles et à faire connaissance avec les réalités prosaïques ou attristantes de la vie.

Nous n'entrerons pas dans le détail des travaux matériels dont il eut à s'occuper dès les premiers jours. Le presbytère de M. Arbousset avait été incendié par les Boers pendant la guerre de 1858-1859. Le nouveau ménage missionnaire dut se caser tant bien que mal dans les deux sacristies du temple : logement peu commode en vérité, mais dont on s'accommodait sans se plaindre. Car ne savait-on pas que d'autres missionnaires n'avaient, pour commencer, que leur seul chariot de voyage, ou une tente, ou encore les cases étroites et malsaines où ils avaient campé de longs mois, en attendant qu'ils fussent pourvus de locaux plus spacieux et plus confortables ? Et puis, les difficultés et les privations matérielles font tellement partie du tableau que se font les futurs missionnaires de la vie à laquelle ils se consacrent, qu'ils se croient plus réellement missionnaires quand se présente à eux une occasion de supporter quelques désagréments de ce genre : tel un conscrit, qui se croit davantage soldat quand il couche à la belle étoile ou fait une marche fatigante dans la pluie et la boue. Et puis, n'y-a-t-il pas une jouissance positive à souffrir quelque chose en son corps pour le service de Celui qui, après avoir dit : « Les renards ont des tanières et les oiseaux du ciel ont des nids, mais le Fils de l'homme n'a pas où reposer sa tête », a donné sa vie même pour le salut de l'humanité ?

M. Mabille dut, comme tant d'autres, organiser ou réorganiser sa station, se faire bâtir un presbytère, élever des murs, les mains déchirées par les pierres et la sueur au front. Le grand temple de Morija, construit par M. Maeder, exigeait de longues réparations. Elles étaient à peine terminées qu'un violent ouragan s'abattait sur lui et en emportait la toiture. Tout était à recommencer, et M. Mabille payait largement de sa personne pour réparer les dégâts et relever ces ruines, tout en ménageant les fonds dont il disposait à cet égard. Disons-le ici, pour ne plus avoir à y revenir : il s'adonnait aux travaux matériels avec la même ardeur qu'il mettait à tous les travaux qu'il entreprenait. Les charpentes destinées aux chapelles et aux maisons qu'il faisait construire, c'est en général lui qui les préparait et les assemblait ; c'est souvent lui qui allait les poser, sauf quand il pouvait confier ce travail à des hommes préalablement dressés par lui. Vers la fin de sa vie, il avait mieux que cela à faire : son temps pouvait être plus utilement employé dans son cabinet de travail ou à l'Ecole biblique que sur les murs d'une chapelle. Il travaillait de ses mains moins qu'auparavant, croyant avec raison que le rôle d'un missionnaire est de laisser aux indigènes les besognes qu'ils peuvent faire et de se réserver pour celles qui ne sont pas de leur compétence.

Mais qu'étaient les ennuis et les fatigues de ces travaux, en comparaison de la pensée qui si sou-

Morija

vent obsède le missionnaire que les circonstances forcent à s'occuper plus qu'il ne voudrait de constructions et de menuiserie ? « Je suis venu pour annoncer l'Evangile aux païens, pour faire une œuvre spirituelle ; la moisson est grande et il y a peu d'ouvriers... et voici, je passe des heures et des jours à manier la truelle et le rabot, sans bénéfice direct pour l'œuvre missionnaire proprement dite. » Sentiment douloureux, regrets qui sont presque des remords, et dont les lettres de nos collègues du Congo et du Zambèze, pour ne citer que ceux-là, se font souvent l'écho.

A côté de ces difficultés matérielles, il y en avait d'autres, plus douloureuses et plus troublantes. Les chrétiens de Morija n'avaient pas fait bon accueil à M. Mabille. Avant même que son placement à Morija eût été proposé, ils avaient envoyé à la Conférence une députation de trois membres pour déclarer qu'ils ne désireraient pas avoir un jeune missionnaire à la place de M. Arbousset. Leur but, c'était de garder comme missionnaire M. Maeder, aide laïque de M. Arbousset, qui vivait depuis de longues années au milieu d'eux et qu'ils connaissaient bien. Ils savaient ce qu'ils avaient, ils redou-

6.

taient l'arrivée d'un inconnu. « Nous regrettons, disaient un jour les gens d'une autre station, nous regrettons le départ de notre missionnaire ; car nous savons de quel pied il rue. Que savons-nous de celui qui le remplacera ? » C'est bien ce que pensaient, ou plutôt sentaient (car il y a toujours chez ces hommes aux âmes rudimentaires moins de raisonnement que d'impulsions instinctives) les gens de Morija à l'égard de M. Mabille. Ils le reçurent froidement. Ils firent le vide autour de lui. On refusait même de vendre à M^{me} Mabille les vivres dont elle avait besoin. On se moquait de « ces jeunes gens », on critiquait leurs actions et leurs paroles. Et parfois leurs intentions les plus louables étaient mal interprétées et fournissaient contre eux des armes à l'opposition.

Ainsi, le dimanche après son installation, M. Mabille montait en chaire et lisait une méditation en sessouto qu'il avait laborieusement composée, avec la collaboration de M^{me} Mabille, bien entendu. Il faisait cela chaque dimanche, lisant ou récitant un sermon appris par cœur (car, au Lessouto, le corps missionnaire n'admet pas qu'un de ses membres se serve d'interprète pour prêcher, sauf évidemment dans les commencements : il est de règle que tout nouvel arrivant apprenne de suite la langue et s'en rende maître, pour pouvoir communiquer avec ses paroissiens sans intermédiaire). Ses efforts étaient couronnés de succès, puisque ses auditeurs le comprenaient et étaient édifiés. Mais savoir réciter une composition écrite, ce n'est pas savoir parler une langue, ce n'est pas être capable de soutenir une conversation. Une fois descendu de chaire, M. Mabille était réduit aux quelques bribes de sessouto qu'il avait pu recueillir. On ne le comprenait plus, il comprenait moins encore. Et les gens de dire : « Voyez comme il est fier ! Il sait notre langue, puisqu'il prêche tous les dimanches, mais il dédaigne de causer avec nous. Il ne nous aime pas. Il nous méprise. »

A son amour et à sa bonne volonté on répondait par la défiance et la critique malveillante, au point que quelques bonnes âmes en étaient affligées. Ainsi, la vieille Anna s'écriait un jour : « Quand il monte en chaire, je me dis : Le pauvre enfant ! il a quitté son père et sa mère pour nous, et voilà comme nous le traitons ! »

Peut-être sa manière de faire prêtait-elle le flanc à quelques-uns des reproches qu'on lui adressait. Il n'était pas, de nature, un temporisateur : il allait droit au but. En voulant améliorer ou développer ce que lui avait légué son prédécesseur, il oubliait sans doute, ou il **ignorait** encore, combien les esprits routiniers, esclaves des habitudes prises, qui sont la grande masse, peuvent s'étonner et s'inquiéter en face d'un novateur, d'un homme d'initiative comme lui, qui considérait plus le but à atteindre que la longueur et les obstacles de la route.

Dans les questions de vie religieuse et de morale, il agissait avec promptitude et sévérité. Il n'admettait pas qu'il y eût des chrétiens paresseux ou douteux, encore moins des membres de l'Eglise se permettant de faire des compromis avec le péché ou avec le paganisme. Il n'avait pas encore appris la patience et l'indulgence, cette justice clairvoyante qui, à côté de la faute commise, discerne les circonstances atténuantes, qui tient compte des luttes tragiques entre la bonne volonté de l'homme et sa faiblesse naturelle, et qui entrevoit toujours des possibilités de repentance et de purification du coupable. Il menaçait les gens de les retrancher de la communion de l'Eglise et de leur appliquer les rigueurs de la discipline ecclésiastique, et il mettait ses menaces à exécution. Si bien que les Bassoutos, si prompts à saisir au vol quelque trait caractéristique d'un nouveau venu, l'avaient surnommé : Ra-Nkhaoli, c'est-à-dire le Retrancheur.

Cet état de choses était fort pénible et des plus éprouvants. Que les païens méconnaissent l'amour d'un missionnaire, se méprennent sur ses intentions et lui fassent opposition, à cela rien d'étonnant. Mais, venant de chrétiens, ces dispositions étaient déroutantes et même angoissantes ; elles eussent pu réellement désespérer un homme auquel l'expérience des noirs, de leurs engouements ou de leurs antipathies, de leur impressionnabilité et de leur défiance naturelles, faisait encore défaut. M. Mabille tint bon et se dit que, dans le domaine des affections, une position que l'on a dû conquérir est plus solidement occupée que celle où l'on est entré comme dans un moulin. Il poursuivit ses travaux sans se préoccuper outre mesure des critiques qu'ils suscitaient. Et, sans se relâcher de ses principes ecclésiastiques rigides, il les appliqua avec un peu plus de modération.

Les chrétiens de Morija, de leur côté, ouvrirent les yeux et finirent par comprendre à quelle espèce d'homme ils avaient affaire. Ils l'apprécièrent ; ils l'aimèrent ; ils devaient arriver à être fiers de lui et à regretter amèrement leur hostilité des premiers temps.

Car rien ne gagne ces hommes primitifs, rien ne leur inspire confiance, comme la fermeté unie à l'amour. Une volonté ferme, l'esprit de suite, la persévérance, tout cela, uni à l'amour, fait impression sur ces caractères encore irrésolus et sur ces volontés encore faibles et méfiantes d'elles-mêmes. Ces faibles s'appuient instinctivement sur les forts, en raison de leur faiblesse même. L'amour qu'ils devinent chez un directeur spirituel énergique les assure que sa force est pour eux, non une menace, mais un appui : ils vont à lui comme des enfants à leur père. Fermeté et amour, l'un avec l'autre, pas l'un sans l'autre, voilà ce qui donne à un missionnaire l'autorité nécessaire pour accomplir son œuvre d'éducateur — nous allions écrire : créateur — des âmes et de prédicateur de l'Evangile.

A la tension des premiers mois succédèrent enfin des rapports d'affection et d'intimité d'autant plus doux qu'ils avaient été recherchés et désirés depuis plus longtemps. L'Eglise n'avait pas encore pris les proportions considérables qu'elle atteignit dans la suite. Elle était comme une grande famille dont le missionnaire était le père. M. Mabille allait de hutte en hutte, faisant la connaissance de ses paroissiens, entrant dans leurs petites affaires, gagnant les cœurs des enfants, qui eurent toujours pour lui une confiance toute spéciale et aimaient à s'appeler ses petits amis. Il faisait, d'autre part, venir ses paroissiens dans son cabinet de travail, un à un, cherchant à les amener à lui ouvrir leur cœur, à recourir à ses conseils pour leurs tentations, travaillant à développer ces consciences encore frustes et à en extirper les superstitions païennes et les vices. Il attachait une importance capitale à la cure d'âmes et y consacrait autant de soins que de temps. Si, vers la fin de sa carrière, il l'avait jusqu'à un certain point négligée, ce n'était pas faute d'en apprécier la valeur pédagogique. Seule l'accumulation de travail sous laquelle il succombait presque l'avait amené à confier partiellement cette branche du ministère à ses aides indigènes ou à des membres de sa famille. Il voulait étendre le domaine de l'Eglise et amener beaucoup d'âmes à la foi ; mais il tenait tout autant à ce que les chrétiens de son troupeau fussent développés, avancés dans la piété personnelle et recherchant la sanctification. Avec la quantité, il voulait la qualité ; et tous ses efforts, ses prières, ses prédications, les conseils de sa cure d'âme, tout visait à enfoncer toujours davantage la foi dans les âmes des hommes, et à les faire parvenir à « la parfaite stature de Christ ».

Sa prédication elle-même avait revêtu ce caractère de familiarité et d'intimité qui se montrait dans tout ce qui touchait à son ministère. Il trouvait que, dans la mission du Lessouto, on avait trop eu recours au sermon proprement dit, et qu'il y aurait lieu d'y substituer un genre d'instruction plus pratique et plus terre-à-terre. Tout en conservant au culte du dimanche son caractère traditionnel, il s'efforçait de rendre sa prédication plus attrayante en y introduisant beaucoup d'anecdotes, qu'il tirait des livres et journaux religieux qu'il lisait, plus que de ses propres observations. Quant aux cultes de l'après-midi, il les avait transformés en des espèces de catéchismes, où il procédait par questions et réponses, se promenant au milieu de l'assemblée, interrogeant à droite et à gauche tout en instruisant, « afin de leur apprendre à chercher et à trouver par eux-mêmes les instructions de la Parole de Dieu ». Cette méthode d'instruction, il l'aimait tout particulièrement et il la pratiqua longtemps. Mais ce qui est possible au sein d'un auditoire restreint et compact, ne l'est plus dans une grande assemblée et dans un vaste local, où toute possibilité d'un dialogue entre le pasteur et son troupeau finit par disparaître. Il fallut en revenir, à contre-cœur, au sermon ordinaire, quitte à recourir à des réunions spéciales et moins nombreuses pour avoir une action plus individuelle sur les diverses catégories de ses paroissiens.

Ces réunions, il les multipliait sans se ménager. Le lundi, il avait celle des catéchumènes ; le mercredi et le samedi, des réunions de prières ; le jeudi matin, un service familier, sorte de classe biblique pendant laquelle il lisait avec les gens de la station un Evangile, posant des questions et s'en faisant poser ; le vendredi soir, c'étaient les enfants de neuf à treize ans qu'il groupait autour de lui pour leur raconter des histoires de la Bible et en causer avec eux. Le dimanche enfin se terminait par une réunion du soir consacrée à l'édification, à la prière et aux actions de grâces.

Tout cela était organisé et fonctionnait régulièrement quelques mois après l'installation de M. Mabille à Morija, et absorbait une grande partie de ses journées. « Il faut travailler pendant qu'il fait jour, écrivait-il alors à ce propos, avant que la nuit vienne où personne ne peut plus agir. Il faut que l'œuvre de Dieu avance ; l'homme peut arrêter ou empêcher ; mais il peut hâter aussi. Hâtons donc, oui hâtons, avant que le jour du Christ, grand et redoutable, vienne pour tous. Priez pour la conversion de ces âmes. Comment pouvons-nous nous jeter au fort de la bataille, si nos frères qui regardent et désirent entendre parler de victoires n'élèvent sans cesse leurs mains en haut. »

Au reste, à côté de ces travaux déjà entrepris et absorbants, il avait d'autres projets en vue et en préparation dès la première année de son séjour au Lessouto, et qui devaient donner à son influence une extension inattendue.

CHAPITRE VI

# L'ŒUVRE SCOLAIRE

En même temps qu'il s'occupait énergiquement du développement religieux de ses nouveaux paroissiens, M. Mabille avait tourné son attention vers la question scolaire, qui était encore dans un état à son avis insuffisant.

« Après Béerséba, écrit-il en septembre 1862, je crois que Morija est la station la plus avancée pour l'instruction des enfants. L'école de la station, c'est-à-dire du village de Morija, compte près de cent enfants. Eh bien ! sur ce nombre, vingt au plus savent lire et une dizaine seulement apprennent à écrire. Lecture, écriture, quelques questions bibliques et le chant, voilà toute l'instruction que notre maître d'école est à même de donner !... » Quoi d'étonnant à cela ? Cet instituteur, Filémoné, était un jeune chrétien privé de l'usage d'une jambe à la suite d'un accident qui lui était arrivé pendant la construction du temple, et de ce chef promu maître d'école. Les écoles des stations — les seules qui existassent encore — étaient surtout dirigées par les missionnaires et leurs femmes, dans la mesure où les devoirs de mères de famille permettaient à ces dernières de s'en occuper.

Sans doute, apprendre à de jeunes naturels à lire et à écrire leur propre langue, c'est un travail des plus utiles, puisque c'est les mettre à même de lire eux-mêmes les Livres saints. Mais quand il s'agit de l'instruction de la jeunesse de tous les pays, et en particulier des peuples non civilisés, il y a en jeu des intérêts autrement graves que celui d'augmenter leurs connaissances. Ce que l'on doit avoir en vue, c'est leur éducation elle-même, celle de leur personnalité tout entière, l'émancipation et le développement de toutes leurs facultés, de l'intelligence, du cœur et de l'esprit. « Pauvres enfants, écrivait M. Mabille le 17 août 1861, le milieu dans lequel ils vivent n'est que trop propre à les rendre aussi charnels que possible. Que faire pour remédier à cela ? Sans doute compter sur le Seigneur qui peut toutes choses. C'est lui qui a créé les Bassoutos, et son œuvre ici a été aussi bonne que celle qu'il a faite en nous créant, nous autres Suisses. Le péché a tout gâté, plus ou moins, mais partout beaucoup. Et n'ayant jamais eu de contact avec leurs semblables, il n'est pas étonnant que ces pauvres gens n'aient fait que toujours baisser davantage. » Un an plus tard, il revenait sur ce sujet qui lui tenait si fort au cœur : « Le temps est plus que venu de chercher à travailler sur la jeunesse, sur les enfants des chrétiens à partir du berceau, car c'est là que nous devrons chercher des renforts pour nos Eglises. Comment pouvons-nous agir autrement que par une instruction suivie, graduelle, qui élève la génération actuelle plus haut que celle qui disparaît ?... Une fois une bonne et solide instruction donnée aux enfants des chrétiens, les païens arriveraient à en sentir la nécessité pour leurs enfants, et alors, quelle victoire ! »

Ce qui le poussait à souhaiter la fondation d'écoles nombreuses et avancées, c'était donc le souci des enfants Bassoutos qui, ignorant tout ce qu'ils devraient savoir et sachant tout ce qu'ils devraient ignorer, se trouvaient dès le berceau entourés d'une atmosphère délétère qui ne pouvait que les corrompre à leur tour. C'était aussi la pensée de l'avenir même de la mission, la préparation de générations plus instruites, dans le sein desquelles on pourrait recruter le personnel indigène nécessaire pour élargir la sphère d'action de l'Eglise et pour en centupler l'influence sur la nation entière.

Instruire les noirs dans le seul but qu'ils soient instruits, non, telle ne saurait être la pensée d'un missionnaire intelligent. Mais les instruire pour en faire des chrétiens intelligents, voir dans l'école une annexe de l'Eglise, poursuivant le même but que cette dernière, donner à la jeunesse une instruction aussi étendue que possible, faire converger tous ses efforts vers un seul but, qui est de former un peuple de Dieu, alors, oui, et de tout cœur. C'est une tâche essentiellement missionnaire, c'est l'avenir tout entier que l'on prépare.

Nous pourrions cependant ajouter ceci : instruire les noirs, leur apprendre le respect d'eux-mêmes, leur inculquer le désir de sortir de leur ignorance native et de leur genre de vie si grossier, c'est indirectement travailler à leur propre conservation, et les mettre, dans une certaine mesure, à l'abri du mépris et des entreprises de leurs adversaires de couleur blanche. Car, il faut bien le dire, si les dispositions de la majorité des colons européens et de leurs descendants sont franchement hostiles à l'égard des noirs, ces derniers en sont grandement responsables. En s'obstinant à croupir dans les ténèbres, dans leurs mœurs grossières — et ils ne s'y obstinent que trop, volontairement, sciemment et non sans orgueil — ils donnent à leurs compétiteurs, sinon des raisons, au moins de bons prétextes, pour leur disputer leur place au soleil et pour les accabler de mépris et d'injustices.

Mais que faire pour instruire la jeunesse du Lessouto ? M. Mabille répondit à cette question en s'occupant lui-même de l'école de Morija, où il enseignait trois jours par semaine. Il faisait ainsi ce qu'il pouvait, mais c'était bien peu, et il le sentait. Il agitait alors dans sa tête les plans les plus divers. Il fallait demander au Comité d'envoyer des instituteurs au Lessouto. « Mais ils ne consentiraient peut-être pas à rester long-temps au second rang (à leur idée, car je pense, moi, que leur profession les élève *à notre rang*). Des institutrices ne pourraient guère tomber dans la même tentation. Il faudrait une personne déjà d'un certain âge, non mariée ou veuve, qui sût mettre toutes ses forces, toute son âme dans cette œuvre. » ... « A mon avis, le maître d'école blanc, fût-il même marié (ce qui assurerait une école de couture plus régulière), devrait sans doute passer la plus grande partie de l'année sur la station ; puis, en outre, aller de temps en temps passer quinze jours dans un village, quinze jours dans l'autre, à des intervalles réguliers... »

Ces idées, ces tâtonnements, ne pouvaient aboutir à des résultats pratiques, mais ils rabattaient M. Mabille sur un projet que la Conférence avait formé depuis longtemps. La chose à faire, le vrai remède, le moyen sûr et rationnel de fournir à la mission des instituteurs nombreux et capables, c'était de fonder une école normale d'instituteurs.

Il faut remonter aussi haut que l'année 1847 pour trouver l'origine de l'école normale du Lessouto. A cette époque, le missionnaire Prosper Lemue, précédemment à Motito, fondait la station de Carmel, entre Béthulie et Béerséba, non au même titre que nos autres stations, mais pour y établir une école normale, dont il devait être le directeur avec M. Lauga, aide-missionnaire, comme vice-directeur. La Conférence avait expressément choisi un endroit situé hors du Lessouto proprement dit, pour soustraire les futurs élèves aux influences malfaisantes du milieu où ils auraient vécu, dans leur propre pays. En attendant que les bâtiments nécessaires fussent construits, M. Lemue prêchait l'Evangile et faisait le travail qui s'accomplit dans toute station naissante... Et les choses en restèrent là : l'école normale ne fut pas réellement fondée, à cause de diverses circonstances dans le détail desquelles nous n'avons pas à entrer ici.

La question restait cependant à l'ordre du jour, en ce sens que la nécessité de pourvoir la mission d'une institution de ce genre ne cessait de s'imposer avec une évidence toujours croissante. Dès son arrivée au Lessouto, M. Mabille s'efforça de pousser à la reprise de l'essai qui avait avorté à Carmel. Il y revenait à chaque conférence, avec une insistance qui prouvait sa détermination d'atteindre le but coûte que coûte et malgré tous les obstacles qui avaient jusqu'alors empêché la réalisation de ce projet. Il était prêt à entreprendre la chose lui-même, si les délibérations de la conférence aboutissaient une fois de plus à des résultats négatifs : « Je crois qu'à notre prochaine Conférence cette question arrivera à une solution. Sinon, je suis bien résolu à faire un essai moi-même et à mes propres frais, en vue tout au moins du district qui m'est confié. » (1864).

Quatre mois après qu'il écrivait ces lignes, arrivait au Lessouto le docteur Duff, ce missionnaire anglais que l'on peut appeler le fondateur et l'organisateur de l'instruction publique aux Indes (1). Le docteur Duff, au cours d'un de ces longs voyages qu'il entreprenait parfois pour visiter les Eglises, pour stimuler le zèle des chrétiens en faveur des missions, et pour apporter aux communautés qui se formaient dans le monde païen les conseils de sa grande expérience, arriva au Lessouto en 1864 et assista aux séances de la Conférence, qui s'était réunie à Carmel. Visite des plus intéressantes et des plus utiles, et qui, croyons-nous, fit époque dans l'histoire de la mission du Lessouto. Car presque toutes les grandes questions concernant l'extension et le développement intérieur des Eglises de ce pays y furent soigneusement étudiées et discutées. Sous la parole autorisée du missionnaire de Calcutta, des horizons nouveaux s'ouvrirent aux yeux des missionnaires français, pour révéler aux uns des possibilités qu'ils n'avaient pas encore entrevues, pour donner à d'autres, plus progressistes, un appui et une sanction qui fortifièrent leur résolution et aplanirent devant eux les voies nouvelles où ils souhaitaient de s'en-

---

(1) Lire une courte, mais très intéressante biographie du docteur Duff dans A. Pierson : *Les nouveaux Actes des apôtres.*

gager. M. Mabille était de ces derniers. Tout homme d'action et d'initiative devenait d'emblée son homme. Les paroles du docteur Duff confirmaient ses propres opinions et les enrichissaient de conceptions nouvelles. Et il puisait dans la communion intellectuelle et spirituelle de cet étranger une augmentation de forces, dont il se promettait de faire bon usage dans la suite.

Dans les entretiens des missionnaires avec le docteur Duff, la question de l'école normale ne pouvait qu'être traitée avec tout le sérieux qu'elle méritait. On reconnut la nécessité de fonder « une Ecole centrale dans laquelle entreraient les meilleurs élèves des stations ; à la fin de leurs études, ils seraient considérés comme préparés jusqu'à un certain point en vue de l'œuvre, surtout des fonctions de maîtres d'école. On pensait admettre des garçons de dix à douze ans, choisis par les missionnaires et reçus après examen. Ils pourraient être employés comme instituteurs ou évangélistes. Mais l'Ecole centrale serait ouverte aussi à des gens ne se destinant pas à l'œuvre missionnaire et à des fils de chefs désirant s'instruire ». Cette dernière clause avait pour but de préparer à la tribu des chefs plus éclairés et plus civilisés, ayant eu contact avec les missionnaires et leur œuvre, et pouvant dans l'avenir aider la mission au lieu de la contrecarrer. Espoir illusoire ! car les chefs mêmes qui ont été en quelque sorte élevés par les missionnaires, ou qui ont passé quelques années dans leurs écoles, ne sont pas plus favorables à l'Evangile que ceux qui ont grandi et vécu au sein du paganisme grossier et ignorant.

Allant plus loin, la Conférence décida que l'Ecole centrale serait fondée bientôt, avec M. Coillard, alors missionnaire à Léribé, comme directeur. Mais à la fin de 1864, rien n'était fait encore : « L'Ecole centrale est encore dans les limbes. Aussi, avec la permission indirecte de mon beau-père, et pour acheminer à la réalisation d'une telle école, je vais commencer moi-même, après le nouvel an, avec trois élèves pour lesquels je vais bâtir une espèce de cabane. J'ai engagé une femme pour leur apprêter la nourriture que je devrai fournir moi-même aussi longtemps que l'essai durera... L'œuvre est à faire : il *faut* la faire. » (24 déc. 1864).

En janvier 1865, l'école que M. Mabille avait fondée de sa propre initiative, dans l'espoir qu'elle deviendrait un jour l'Ecole centrale projetée depuis si longtemps, existait : « Je veux au moins faire tout ce qu'il me sera donné de faire à cet égard jusqu'à la Conférence, et je verrai alors ce qu'elle décidera. Il me serait certainement impossible de continuer seul cette école, ayant la station, mon imprimerie, etc. Mais peut-être le Seigneur enverra-t-il du secours... J'ai déjà deux garçons ; un troisième et un quatrième sont attendus d'autres stations. Il y a de plus trois externes : ceux qui sont élèves réguliers sont en même temps pensionnaires... La Conférence fondera peut-être l'école à Hermon, selon qu'on y avait pensé d'abord. Peut-être aussi l'école devra-t-elle demeurer et se développer ici même. Lorsqu'un directeur spécial sera trouvé, je pourrai encore continuer à donner quelques leçons... Quelle œuvre cette école ne pourrait-elle pas accomplir ! Surtout s'il était possible d'y faire entrer des jeunes gens de diverses tribus, pour les renvoyer ensuite chez eux, instruits et préparés, et avant tout, si la grâce de Dieu agissait, gagnés à l'Evangile, ce qui permettrait de commencer l'œuvre missionnaire dans plusieurs pays à la fois. » (26 janv. 1865).

La Conférence de 1865 décidait enfin la fondation de l'école à Morija même et adressait un second appel à M. Coillard, qui en acceptait la direction. La construction des bâtiments devait être commencée sans retard. Peu après arrivait de Paris la nouvelle qu'un pasteur français,

M. Robin, avait consenti à venir au Lessouto pour être placé à la tête de ce nouvel établissement.

Tout semblait donc réglé. On allait passer de la période des longues hésitations à celle de l'action. Un des plus ardents souhaits de M. Mabille était sur le point de se réaliser ; l'instruction de la jeunesse, donc de la nation, prendrait, dans quelques années, un nouvel essor...

Nous verrons, dans la suite de ce récit, qu'entre la coupe et les lèvres, il y a de la place pour un malheur. Les résolutions de la Conférence devaient être d'abord combattues par des événements aussi graves qu'inattendus, puis réalisés autrement et par d'autres personnes que celles qui avaient été désignées.

CHAPITRE VII

# ACTIVITÉ LITTÉRAIRE

Au milieu des travaux dont nous venons d'indiquer les traits saillants, M. Mabille caressait un projet, d'une importance plus restreinte à ses débuts et dans sa pensée, mais qui devait, dans la suite, absorber une grande partie de son temps et devenir entre ses mains un nouveau et puissant moyen de travailler à l'avancement du règne de Dieu.

Dès 1861, il attendait d'Europe « une presse à imprimer, don d'un jeune ami anglais que le Seigneur a daigné convertir par mon moyen lorsque j'étais en Angleterre. Dès que je l'aurai, je travaillerai à mettre en train traités, explications bibliques, livres d'école pour ma station, tout cela naturellement à mes frais ; néanmoins, avec l'aide de Dieu, j'espère pouvoir m'en tirer ». (17 août 1861).

La mission du Lessouto possédait déjà une

presse qui, après avoir très utilement fonctionné à Béerséba, avait été confiée aux soins de M. Ellenberger, missionnaire nouvellement arrivé et placé à Béthesda. M. Ellenberger avait eu beaucoup de peine à trier les caractères d'imprimerie, dont plusieurs fontes avaient été mêlées lors du sac de Béerséba par les Boers en 1858. Il s'était mis en mesure d'imprimer les livres de l'Ancien Testament, dont la traduction et la revision étaient poussées avec énergie. La pensée primitive de M. Mabille n'était que d'avoir une presse à sa propre disposition pour la paroisse de Morija seulement et travaillant sur une petite échelle.

A peine était-elle arrivée qu'il s'improvisait imprimeur, lui qui ignorait absolument tout ce qui se rapporte à ce métier. M. Ellenberger, fort compétent en la matière, vint lui-même lui faire faire l'apprentissage nécessaire : fabriquer des rouleaux pour répandre l'encre sur les caractères, composer, manipuler le papier et la machine, M. Ellenberger savait tout cela et le faisait avec les soins méticuleux requis en pareille matière. Il garde encore dans sa collection de publications faites au Lessouto ou pour le Lessouto — collection unique en son genre et des plus curieuses — la première épreuve du premier traité qui ait été imprimé à Morija par lui et M. Mabille, ainsi qu'un autre traité, qui devait faire partie d'une série plus longue, mais qui ne fut jamais composée. Toujours est-il que M. Mabille disposait dorénavant d'un excellent moyen de répandre la lumière autour de lui et au loin.

Et déjà d'autres projets hantaient son esprit. Il s'occupait de la traduction de la Bible, il entreprenait celle du *Voyage du Chrétien* de John Bunyan — cette allégorie si originale et si attrayante pour les esprits simples, qui a l'honneur de marcher de front avec la Bible elle-même dans la plupart des champs de missions en pays païens. Enfin, il décidait de publier, à partir du 1er janvier 1863, un petit journal en sessouto, mensuel d'abord, et dont il voulait faire un moyen plus direct de combattre tous les mauvais us et coutumes des Bassoutos et de dire la vérité aux païens et aux chrétiens. « Beaucoup de païens savent lire, particulièrement les renégats. Le journal sera gratuit pour commencer, et j'en répandrai autant d'exemplaires que possible. Où prendre l'argent pour tout cela ? Dieu y pourvoira... » (26 oct. 1862). Il préparait aussi une lettre aux renégats du Lessouto, dont il évaluait le nombre à plus de cinq cents, pour les exhorter à revenir à Dieu : il espérait pouvoir les toucher en plaçant entre leurs mains un appel direct qu'ils pourraient lire et méditer à loisir. En parlant de ce projet dans une de ses lettres, il ajoutait : « Si j'avais huit bras, j'aurais assez à faire pour les employer sans relâche. J'aurai la collaboration de plusieurs de mes collègues. Pour le travail manuel (de l'imprimerie) je devrai tout faire moi-même au commencement, mais je vais tâcher de former un Mossouto intelligent, que plus tard je n'aie plus qu'à diriger. »

Le premier numéro du journal (dont le nom était et est encore *La petite Lumière du Lessouto*) parut vers la fin de janvier 1863. Mais ce n'était plus un journal distribué gratuitement, il avait ses abonnés, au modique prix de 2 fr. 50 c. par an, juste ce qu'il fallait pour payer les frais d'impression. On devait y traiter de tout : l'élément important, c'étaient de courtes méditations, autant de petits sermons qu'on pût lire et méditer, moins fugitifs que la parole parlée, qu'on entend une fois et qui s'oublie, miettes de bon pain que l'on peut répandre au loin et qui donnent accès auprès de personnes que l'on n'a jamais vues et qu'on ne verra jamais. A cela venaient s'ajouter des nouvelles des missions étrangères, des articles de pédagogie et d'hygiène et des réflexions sur les événements contemporains.

M. Mabille croyait, et avec combien de raison, à l'utilité de la presse et n'hésitait pas à s'en servir dans ce pays si arriéré qu'était alors le Lessouto. Jeter dans la masse de la tribu des idées nouvelles pour les Bassoutos, leur ouvrir une petite fenêtre sur le monde extérieur qu'ils ignoraient, éclairer les ténèbres où ils croupissaient, éduquer leur intelligence et leur cœur, les secouer de leur torpeur et abaisser leur orgueil en leur montrant ce qu'étaient d'autres peuples, tel était son but, dont la beauté ne saurait échapper à personne. Dans des pays où tout est ténèbres et ignorance, tout ce qui est vérité est utile et salutaire ; tout peut concourir à faciliter la tâche de l'Evangile, qui est la lumière par excellence. Tout est bon qui réagit contre l'ignorance, mère de toutes les superstitions et de tous les vices. Tout est désirable qui met les hommes à même de penser, de comparer, d'apprendre et de s'intéresser à autre chose qu'à leurs plaisirs grossiers et à leurs croyances insensées. *La petite Lumière du Lessouto* devait devenir, à ce titre, un auxiliaire de l'Evangile, un rouage de plus dans l'organisme de la mission. Et ses deux cents abonnés du commencement, auxquels il faut ajouter ceux qui en entendaient la lecture, en donnant à l'éditeur leur modeste appui financier et moral, permirent la fondation de ce petit journal, dont la carrière est devenue très honorable et qui a sa place bien marquée dans la mission du Lessouto et au delà des frontières de ce pays, comme nous aurons à le dire plus loin.

CHAPITRE VIII

# LA PREMIÈRE ANNEXE

En lisant le court aperçu de l'état de la mission du Lessouto, lors de l'arrivée de M. Mabille, nos lecteurs se sont sans doute posé la question suivante : il y avait des stations missionnaires bien constituées et comptant un nombre assez considérable de chrétiens des deux sexes et sagement répartis sur une grande partie du pays ; mais cette organisation était-elle complète ? N'y manquait-il pas un rouage important : la participation de l'élément indigène à l'évangélisation du pays et à l'édification des chrétiens vivant à une certaine distance des stations proprement dites ?

Cette remarque, si facile à faire maintenant que l'œuvre du Lessouto a atteint le développement normal et logique de ses organes, M. Mabille la fit dès son arrivée dans le pays. Il voyait, d'un côté, l'étendue de sa paroisse et le nombre des païens auxquels il devait annoncer l'Evangile ; il constatait aussi avec douleur combien l'action du missionnaire, même le plus zélé, était limitée par la multiplicité de ses devoirs et par des questions de distance et de temps. Il évaluait le nombre des habitants du district de Morija à vingt-cinq ou trente mille âmes, réparties dans une foule de petits villages dispersés dans la plaine et dans la montagne. Que faire pour atteindre ces masses, alors que les travaux de la station à eux seuls réclamaient tout son temps et toutes ses forces ?

A supposer même que l'on pût recevoir de France une forte escouade de nouveaux missionnaires, pouvait-on espérer trouver les moyens financiers de les entretenir ? Les ressources des sociétés de missions sont et seront toujours très limitées. Les devoirs des Eglises sont multiples ; leurs charges énormes. On ne peut compter recevoir d'elles des subsides très abondants. Il faut viser à l'économie en tout ; il faut aviser aux moyens d'évangéliser les païens à bon marché, c'est-à-dire à l'aide d'agents dont l'entretien ne nécessitera pas de dépenses excessives.

Au reste, il y a dans les Eglises issues du paganisme des chrétiens de valeur. L'Eglise elle-même est une force vitale, elle représente un capital d'énergies spirituelles qu'il faut mettre en réquisition, sous peine de le voir diminuer. Dans le domaine des choses religieuses, c'est en donnant qu'on s'enrichit. « Celui qui arrose sera arrosé. » Une Eglise doit être vivante pour pouvoir entreprendre la lutte contre les ténèbres du dehors. Mais elle doit aussi engager ce combat pour conserver et augmenter sa propre vie. Les œuvres de charité et d'évangélisation sont nécessaires à son développement spirituel et à la croissance de sa foi.

Ces considérations, M. Mabille les voyait clairement, et tout le poussait vers une seule et unique solution du problème de l'évangélisation des païens : utiliser les ressources locales, se servir des Bassoutos chrétiens pour évangéliser les Bassoutos païens, en un mot, instituer un ministère indigène et fonder des annexes.

Avant l'arrivée de M. Mabille il n'existait pas d'annexes au Lessouto. Sans doute les chrétiens avaient appris de leurs missionnaires que leur devoir était d'être les témoins de Christ au milieu de leurs frères païens. Outre l'exemple qu'ils devaient leur donner par une vie chrétienne et morale, ils savaient qu'ils devaient prêcher l'Evangile. Ils faisaient des tournées d'évangélisation, avec leurs missionnaires ou pour leur compte personnel, et non sans succès.

Mais la nécessité de faire un pas de plus dans cette voie s'imposait de jour en jour davantage aux missionnaires qui voulaient aller de l'avant. La Conférence avait plusieurs fois parlé de la fondation d'annexes et du placement de chrétiens bassoutos comme évangélistes. Ces mesures nouvelles à prendre étaient, pourrions-nous dire, sur le programme de la mission, mais que valent les idées, même les meilleures, tant qu'elles n'ont pas rencontré un homme dans lequel elles puissent s'incarner et qui ait la volonté et la capacité de les réaliser dans la pratique ?

Il y avait plus. Le seul fait de l'existence de groupes de chrétiens assez considérables, établis trop loin des stations pour pouvoir y aller régulièrement, avait provoqué la fondation, ou la génération, en quelque sorte spontanée, de quelques annexes embryonnaires, Ainsi, le 27 septembre 1862, M. Mabille écrivait ces lignes : « J'ouvrirai très prochainement, Dieu voulant, par une dédicace en forme, une petite chapelle dans un village à deux heures à cheval de Morija. Il y a longtemps qu'elle est commencée ; on la termine maintenant et je veux tâcher d'engager les chrétiens de deux autres villages au moins à en faire autant. J'espère que le Seigneur me donnera la force d'aller y tenir des services religieux et d'exercer ainsi, autant qu'il dépendra de moi, une influence sur les paysans de ces villages et des environs. »

En 1863, M. Ellenberger écrivait de son côté, de Béthesda : « Une Eglise nouvelle est en voie de formation, à deux heures et demie à cheval de la station, sur les bords du fleuve Orange. Ce progrès est dû à un membre de l'Eglise de Béthesda qui s'est mis à annoncer l'Evangile à Thabaneng, sa résidence habituelle. Il a bâti dernièrement en mottes de terre une petite maison de prières et y rassemble chaque dimanche cinquante ou soixante enfants, et quelquefois autant de grandes personnes. » M. Ellenberger alla visiter, avec un diacre, cet excellent Molokoli, et exprimait l'espoir d'aller toutes les six semaines tenir un service dans ce poste intéressant (1).

Ces deux faits — et on pourrait peut-être en découvrir d'autres analogues — indiquent assez les besoins qui se manifestaient, et constituaient un acheminement vers un état de choses plus satisfaisant. Il ne s'agissait, dans l'espèce, que de chrétiens agissant de leur initiative privée et dans leurs propres villages, sans avoir reçu de mandats à cet effet, en un mot, sans être revêtus

--------

(1) *Journal des Missions*. Année 1864, page 84.

d'aucun ministère. Il y avait autre chose à faire et mieux : choisir dans le sein des églises des chrétiens recommandables et dévoués, les investir d'un ministère, les placer officiellement comme évangélistes dans certains centres de population, pour veiller sur les chrétiens et pour instruire les païens. En un mot, il fallait fonder des annexes.

Les mots « fonder des annexes », et toutes les questions connexes qu'ils impliquent, ont joué dans la vie de M. Mabille un rôle prépondérant. Dès les tout premiers temps de son séjour au Lessouto, cette pensée s'empara de son esprit avec une force et une ténacité qui ne devaient jamais se relâcher. Il semble — et nous le croyons fermement — que Dieu la lui avait confiée pour qu'il consacrât son énergie et sa forte volonté à la réaliser. Ce fut en quelque sorte son œuvre par excellence, celle pour laquelle il avait été choisi et envoyé par Dieu, celle dans la poursuite de laquelle il apporta le plus de passion et de persévérance.

Les difficultés ne manquèrent point. Il fallait d'abord faire adopter ces vues nouvelles aux missionnaires eux-mêmes qui, tout en les approuvant en principe, trouvaient les propositions de M. Mabille prématurées, et y faisaient des objections qu'il voyait du reste en partie lui-même. « Pouvons-nous, disait-on, avoir assez de confiance dans nos chrétiens pour leur confier le ministère de l'évangélisation, pour les placer seuls et loin de notre surveillance au milieu des tentations du paganisme ? Sont-ils de force à supporter les responsabilités inhérentes à la charge dont il est question de les investir ? Leur caractère moral est-il assez solide ? Car nous ne connaissons que trop leurs défaillances, et les cas d'immoralité qui se produisent si souvent dans nos troupeaux n'indiquent que trop combien nos chrétiens sont encore accessibles aux tentations de la chair... Et puis, ils ne sont pas instruits, ils savent à peine lire ; ils ignorent tout... Encore si nous pouvions les préparer à ces fonctions en leur donnant préalablement une instruction appropriée !... Les chrétiens et les païens les respecteront-ils ? Auront-ils assez d'autorité pour diriger des troupeaux ?... Et s'ils gagnent respect et autorité, ne s'enorgueilliront-ils pas, pour jouer aux chefs ou aux pasteurs, pour se croire arrivés à la perfection, jusqu'au jour où une chute humiliante, conséquence fatale de l'orgueil, dessillera leurs yeux — et les nôtres aussi ?... »

M. Mabille voyait ces dangers et sentait la
gravité de ces objections. Et pourtant, la conviction qu'il fallait se servir des indigènes pour
évangéliser les indigènes s'imposait de jour en
jour davantage à son esprit et à sa conscience,
avec une telle persistance qu'il ne pouvait qu'in-
sister pour qu'on en fît au moins un essai loyal.

Il en parlait à ses collègues, il s'en ouvrait à
M. Casalis. « M. Casalis m'engage à faire un
essai qui pourra devenir d'un grand secours
pour notre mission. Je lui avais parlé de mettre
à part deux ou trois évangélistes, membres
éprouvés de l'Eglise, et de les placer à poste fixe,
dans certains villages de ce district, lesquels
formaient des annexes se rattachant à la station
de Morija. Mon beau-père a approuvé ce projet,
et je n'attends plus, pour le mettre à exécution,
que la réponse à une deuxième lettre que je lui
ai expédiée aujourd'hui même. Cette lettre-ci roule
sur les détails de mon plan. » (Mars 1863).

Et plus tard : « Je ne sais pas encore ce que
la Conférence qui s'assemble dira de la proposition que je désire faire, d'établir des évangélistes
indigènes dans des annexes qui seraient visitées
régulièrement par les missionnaires. Je crains un
peu que cette proposition ne soit pas la bienve-
nue pour tous, mais je crois en tous cas que

nous pouvons faire un essai. Aussi longtemps
que nous ne l'aurons pas fait, nous n'aurons pas
le droit de condamner le système. » (Juin 1863).

Les prévisions de M. Mabille ne se réalisèrent
pas. La Conférence décida d'établir des annexes,
et ce fut l'Eglise de Morija qui fut appelée à fonder la première et à en entretenir l'évangéliste.
Les choses ne trainèrent pas en longueur. Dès le
22 juin, M. Mabille pouvait déjà annoncer à ses
parents qu'il avait trouvé l'homme qu'il lui fallait : « Esaïa Lééti (1), un des premiers Bassoutos
convertis, qui n'a jamais reculé et qui connait les
choses de Dieu autant et mieux peut-être que tout
autre chrétien mossouto. Il a consenti avec
joie. Vous savez que cet essai me tient à cœur
depuis longtemps... Il sera placé dans un village
où se trouvent déjà des chrétiens ; mais il devra
s'occuper spécialement des païens, tant pour leur
parler individuellement que pour les réunir ; il
devra *aller les chercher*. J'espère que Dieu le
gardera lui-même et permettra qu'il ne s'enor-
gueillisse pas de cette charge. Ce n'est encore
qu'un essai... mais je crois que Dieu y mettra

––––––––––

(1) Esaïa Lééti est le père de Léfi, cet évangéliste
mossouto qui s'est consacré à l'œuvre du Zambèze et y
est allé tout récemment pour la seconde fois (1898).

son approbation, qui est une bénédiction... »
Puis, devançant les temps et traçant les premières lignes d'un programme qui ne devait se
réaliser que longtemps après et peu à peu, il
ajoutait : « Et bientôt peut-être sentirons-nous
tellement la nécessité de former des missionnaires indigènes, que nous pourrons et devrons nous
accorder sur la création d'une institution spéciale
destinée à satisfaire ce besoin... » C'étaient l'Ecole
biblique et l'Ecole pastorale entrevues et désirées
dès 1863 !

Enfin, le 20 septembre 1863, Esaïa Lééti était
solennellement installé à Kolo. « Le dimanche 20
de ce mois a été un grand jour pour l'Eglise de
Morija ; je voudrais croire qu'il a inauguré une
ère nouvelle dans les annales de notre mission.
Humainement parlant, c'est trop attendre ; mais
c'est le propre de la foi de viser à ce qui parait
impossible... Que les païens ne disent plus désormais : Morija est trop éloigné, Hermon est trop
pour que nous y allions chercher l'Evangile. Cette
maison (la chapelle que M. Mabille avait inaugu-
rée ce même jour) aura dès aujourd'hui une voix
qui se fera entendre de tous. — Qu'on ne dise
plus : Nous ne comprenons pas les missionnaires. Désormais un Mossouto parlera lui-même et
annoncera la Parole de Dieu telle qu'il l'a com-

prise. — Qu'on ne dise plus : Nous ne voulons pas du Dieu des blancs. Esaïa dira si le Dieu des blancs n'est pas aussi le sien et celui des Bassoutos... Notre Eglise est heureuse d'avoir commencé une œuvre qu'elle peut regarder comme sienne ; je ne doute pas qu'elle n'en retire de grandes bénédictions... Si tout va bien jusqu'aux prochaines réunions de la Conférence, je demanderai à mes frères de m'autoriser à consacrer Esaïa solennellement pour l'œuvre du ministère comme pasteur. »

Donc, dans la pensée de M. Mabille, la consécration de chrétiens bassoutos devait suivre de près leur entrée en fonctions comme évangélistes. C'était là une idée des commencements, conçue et émise au milieu des tâtonnements qui accompagnent les débuts d'une œuvre nouvelle. Il y renonça plus tard, instruit par l'expérience, parfois par des expériences douloureuses. Il allait volontiers et instinctivement aux extrêmes, et sautait vite à des conclusions radicales. Il était bon que parfois ses collègues jetassent de l'eau sur le feu ; et son grand sens pratique, en l'empêchant de commettre les imprudences que sa fougue lui suggérait, faisait au besoin de lui ce que l'on appelle de nos jours un opportuniste. Mais une idée qu'il avait une fois eue ne le quittait que très rarement. Il en modifiait les applications suivant les circonstances, mais il en gardait le principe fondamental. La formation de pasteurs indigènes fut encore, dans la suite, un de ces projets auxquels il donna tout l'appui de son autorité et de son initiative.

Comme il l'écrivait en septembre 1863, la fondation de l'annexe de Kolo avait réellement inauguré une nouvelle ère dans les annales de la mission du Lessouto. L'exemple de Morija devait rapidement entraîner les autres Eglises dans la même voie. M. Mabille lui-même — il est à peine nécessaire de le dire — ne demandait qu'à renouveler l'expérience dans d'autres parties de son district. Dès le mois de décembre de la même année, il songeait à placer deux autres aides indigènes. Et quand la Conférence se réunit de nouveau pour sa session de 1864, il y allait avec de bonnes nouvelles de l'essai tenté à Kolo, et la ferme intention de demander l'autorisation de fonder d'autres annexes.

La Conférence de Carmel (celle-là même à laquelle assistait le docteur Duff) accueillit avec joie les renseignements favorables que lui apportait M. Mabille. Les scrupules les plus timides se dissipaient devant la réalité des faits. Un courant de foi et de courage circulait et achevait de persuader ceux qui avaient douté. La création de sept annexes fut décidée d'emblée, dont trois dans le district de Morija. On demanda même au Comité d'envoyer au Lessouto sept missionnaires de plus, demande irréalisable sans doute, espérance illusoire, mais qui est l'indice frappant de l'esprit d'agression et de progrès que la création du poste de Kolo avait introduit dans le corps missionnaire et dans la mission du Lessouto tout entière. C'était bien une période nouvelle qui avait commencé pour cette dernière, période d'extension et de propagande énergique, qui, à travers bien des vicissitudes, a duré jusqu'à ce jour. C'est grâce à l'essai fait par M. Mabille à Kolo que, Dieu merci, le Lessouto possède actuellement cent cinquante-trois annexes et que l'Evangile a pu pénétrer jusque dans les parties les plus reculées du pays.

Nous ne raconterons pas la fondation, effectuée pendant cette même année 1864, des quatre annexes nouvelles que M. Mabille avait été autorisé à établir dans son district. Nous ne dirons qu'en passant que déjà d'autres postes à occuper attiraient son attention : seul le manque d'hommes compétents et d'argent l'empêchait de les pourvoir d'ores et déjà du personnel nécessaire. Le pas décisif était fait : nous avons cru devoir en parler avec quelques détails. Les premières annexes étaient fondées. Des chrétiens capables de prêcher l'Evangile et de diriger des écoles enfantines étaient placés dans des centres populeux et y exerçaient leur ministère en toute simplicité. C'était l'essentiel. Restait la question de doter ces annexes des bâtiments nécessaires ; de remplacer la case provisoire qui abritait l'évangéliste par une maisonnette plus spacieuse, et de construire une chapelle devant en même temps servir de salle d'école. Ces travaux devaient s'effectuer dans la suite, non sans difficultés, au fur et à mesure que les contributions volontaires des chrétiens bassoutos le permettraient. Il fallait encore aider le nouvel ouvrier à gagner auprès des chefs qui l'avaient accueilli le respect et la confiance, sans lesquels son ministère eût été paralysé. Il fallait enfin continuer son instruction et son éducation, et renouveler sans cesse le très petit bagage de connaissances avec lequel il était entré en fonctions.

Mais, encore une fois, les premières annexes existaient, et une porte avait été ouverte par Dieu, qui ne devait plus être refermée.

## CHAPITRE IX

# LA MISSION EXTÉRIEURE

Nos lecteurs pourraient se dire qu'un homme ayant entrepris autant de choses que M. Mabille devait être comme emprisonné dans sa grande et multiple tâche, et n'avoir de pensées et de temps que pour cette œuvre locale de Morija à laquelle il avait donné une si forte impulsion. L'Eglise de Morija, la cure d'âmes, les réunions et les écoles, l'évangélisation des païens, la presse, les travaux littéraires, les travaux matériels, la fondation et la direction des annexes, et une correspondance déjà très importante, il y avait là, semble-t-il, de quoi absorber toute l'énergie d'un homme très actif et très entreprenant.

Une idée cependant hantait sa pensée, une idée qui a joué un grand rôle dans son activité missionnaire et dans sa vie religieuse, et qui s'imposait à lui comme une sorte d'obsession dès les premiers temps de son séjour au Les-

souto : celle de l'évangélisation de l'Afrique et
de la participation des Eglises du Lessouto à cette
grande tâche. Au moment où il n'y avait encore
au Lessouto ni évangélistes, ni annexes, ni même
un nombre de missionnaires européens suffisant
pour les besoins du pays, — alors qu'il voyait des
milliers et des milliers de païens privés de toute
instruction religieuse dans le voisinage immé-
diat de nos stations, — aux débuts de la période
d'extension dont il était l'inspirateur, — à ce
moment déjà il pensait à la fondation de missions
plus avant dans l'intérieur de l'Afrique et il en
faisait le sujet de ses prières.

« Et ces tribus de l'intérieur, quand commen-
ceront-elles à recevoir l'Evangile ? je voudrais
tant que notre Société de Paris envoyât quelques
missionnaires chez les Makololos (1) découverts
par Livingstone et parlant le sessouto ; car ce

--------

(1) Les Makololos étaient un clan de Bassoutos ayant
émigré sous la conduite de leur chef Sébétoané et marché vers le nord, pour traverser le Zambèze et s'établir
sur sa rive gauche, après avoir vaincu et asservi les
peuples qui y vivaient. Les Makololos furent plus tard
écrasés par les habitants primitifs de ces pays, mais
leur langue est restée le moyen de communication offi-
ciel entre ces différents clans, que nous connaissons
maintenant sous le nom de Barotsés, et parmi lesquels
MM. Coillard et Jeanmairet ont fondé notre mission
du Zambèze.

sont en réalité de vrais Bassoutos. Avec le Nouveau Testament en main et en emmenant quelques chrétiens d'ici, l'entreprise serait, je crois, très faisable. J'y pense depuis longtemps, mais qui mettra la main à l'œuvre ?... Oui, il y a un grand pas à faire en avant. Une expédition de deux ou trois missionnaires, sachant le sessouto, accompagnés d'une bonne bande d'indigènes convertis, aurait bientôt ouvert une brèche que Satan ne pourrait plus combler. Les frais de l'entreprise ne seraient guère élevés, guère au delà de ce que coûte l'entretien d'une station au Lessouto. Maintenant que voilà notre mission en Chine interrompue, j'espère que notre Société mettra toutes ses forces au service de l'Afrique. Partir du Sénégal d'une part, de l'autre du Lessouto, et aboutir à faire rencontrer les deux œuvres missionnaires au cœur même de l'Afrique, quel gigantesque projet ! Oh ! que quelqu'un me dise qu'il peut s'accomplir avec l'aide de Dieu ! » (31 décembre 1862).

Le 27 septembre 1863, il écrivait, sur le même sujet, cette phrase étonnante et en quelque sorte prophétique : « Qui sait si je ne verrai pas de mes yeux quelques Bassoutos partir d'ici, et aller évangéliser d'autres peuplades, comme les Makololos, et d'autres encore... »

Et dix mois plus tard : « Combien, avec plus
de ressources, il nous serait facile d'entreprendre
l'évangélisation de l'Afrique en remontant jusqu'aux monts de la Lune... Il faut bien croire
que ce sera l'œuvre de la dernière partie de ce
siècle. Oh ! quand tous les peuples sauront que
Jésus est mort et qu'il est vivant, quand la plénitude des nations sera entrée, quand le peuple
élu, lui aussi, aura fait sa soumission au Roi des
rois, alors ce sera la réunion de tous les saints et
le commencement du bonheur éternel pour tous
ensemble ! Est-ce que cette perspective ne vaut
pas la peine que nous unissions tous nos efforts
pour la gloire du nom par lequel nous avons été
sauvés ?... (1er juillet 1864).

Il avait même fait des ouvertures à quelques
chrétiens de son Eglise. « Il y a deux ou trois
Bassoutos chrétiens qui consentiraient volontiers
à se rendre même jusque chez les Makololos, sur
le Zambèze, dans l'intérieur. » (Mai 1864).

D'autre part, la tribu des Bapédis, établie à
l'est du Transvaal, attirait aussi les regards des
missionnaires du Lessouto, les rapports du chef
Mankopané avec le roi Moshesh étant fréquents,
et le passage de nombreux Bapédis allant travailler dans la colonie du Cap ayant créé des rela-

tions suivies entre les deux peuples. Envoyer des missionnaires et des évangélistes à ces Bapédis était une pensée qui se présentait tout naturellement à l'esprit de M. Mabille. Et déjà il entrevoyait la possibilité d'y aller lui-même : « Si le Seigneur m'appelait à aller chez Mankopané, il me donnerait bien un homme qui pût prendre ma place et continuer l'œuvre de Morija. » (19 mai 1864). « Un catéchiste mossouto va se rendre chez Mankopané, et sera suivi d'un autre. D'après les renseignements, ce nouveau champ paraît promettre. Tout au moins sommes-nous d'avis qu'il vaut la peine d'essayer... qui sait si le Seigneur ne m'ouvrira pas un jour cette voie ? En attendant, je cherche à faire ce que je peux là où je suis. »

Ce projet prit même plus de corps et fut sur le point d'être réalisé. Il fut sérieusement question d'envoyer au pays des Bapédis MM. Mabille et Coillard, avec mission de se rendre un compte exact des besoins de ce peuple et des moyens d'y pourvoir en prenant le Lessouto comme base de l'œuvre qu'on y entreprendrait. Ce dessein ne fut pas accompli, mais on aime voir ces deux noms, Mabille et Coillard, réunis à propos de cette entreprise missionnaire dès 1864, — amitié et collaboration fécondes, qui devaient aboutir, mais dans un avenir lointain, à la fondation de la mission du Zambèze, dont nous venons, sans en avoir l'air, de raconter les toutes premières origines.

Dites tant que vous voudrez que les espérances exprimées ci-dessus par M. Mabille étaient chimériques. Parlez d'illusions, d'utopies, des distances géographiques ignorées, des difficultés amoindries, de précipitation et de zèle surérogatoire. Vantez la sage lenteur des croyants et le devoir de calculer les dépenses avant d'entreprendre la construction de la tour. On a beau jeu de critiquer les saintes folies des hommes de Dieu, quand on n'est pas possédé comme eux par l'amour de Christ. Il n'en est pas moins vrai que ce sont les choses folles qui confondent les sages et que ce sont les rêveurs qui conquièrent le monde. Laissez les idées généreuses d'un enthousiaste comme M. Mabille se tasser et mûrir et vous verrez la réalisation de ses rêves : les Eglises du Lessouto envoyant au dehors des évangélistes et faisant œuvre de pionniers dans l'intérieur de l'Afrique sauvage et païenne.

Car, ne craignons pas de le rappeler ici, le rêve de 1863 a fini par se réaliser à la lettre, et M. Mabille a « vu de ses yeux quelques Bassoutos partir du Lessouto et aller évangéliser d'autres peuplades, comme les Makololos, et d'autres encore ».

MATSIENG, LE VILLAGE DU CHEF LETSIÉ

# CHAPITRE X

## LA GUERRE DE 1864-1869

———

Nous avons vu M. Mabille poser les bases de plusieurs œuvres importantes et rapidement en assurer le développement. Il semblait que maintenant il n'eût plus qu'à avancer dans les voies qu'il s'était tracées et à tirer toutes les conséquences pratiques des principes qu'il avait posés et des faits déjà accomplis. C'est bien ce que M. Mabille se promettait de faire, jouissant de voir devant lui une énorme besogne à abattre, mais se sentant fort et résolu, parce que Dieu était avec lui et que tout son cœur était à son travail.

Mais déjà se levait à l'horizon un nuage inquiétant, précurseur d'une tempête qui menaçait de tout balayer devant elle : nous voulons parler d'une guerre entre les Bassoutos et les Boers de l'Etat libre de l'Orange.

Les causes de cette guerre, nous ne nous arrêterons pas à les raconter ; elles sont celles de
toutes les guerres coloniales dont l'histoire contem-
poraine n'est que trop émaillée. Le contact de
l'Europe envahissante avec les peuples africains
barbares, les provoque fatalement. Il y a, d'une
part, les convoitises de l'Européen avide d'acquérir des territoires sur lesquels il prétend avoir
des droits parfois séculaires et qui se rédui-
sent au droit du plus fort, au fait d'avoir le premier jeté son dévolu sur telle partie du patrimoine des nègres, qui lui semble d'une exploi-
tation facile et rémunératrice ; il s'insinue, il
intrigue, il conclut de soi-disant traités avec des
roitelets noirs qui n'y ont jamais rien compris ;
il est prêt à faire parler la poudre quand ses
autres arguments ne sont pas agréés. D'autre part,
c'est le nègre, ignorant et grossier, parfois violent, souvent voleur de bestiaux, se sentant
trompé et dépouillé, mais ne sachant à qui en
appeler ; reprenant sa parole aussi facilement
qu'il l'avait donnée ; cherchant à exploiter ses
exploiteurs, et finalement rêvant, sous son crâne
dur et épais et dans son cœur rancuneux, de reje-
ter dans la mer les hommes au visage pâle qui,
en un jour de malheur, en sont sortis pour s'établir à ses côtés.

Les Boers de l'Etat libre avaient une première
fois, en 1858-1859, eu maille à partir avec les
Bassoutos et ravagé une partie de leur pays. Un
traité avait mis fin aux hostilités — traité qui
réglait certaines questions de frontières, mais
qui ne pouvait détruire dans les esprits le souvenir de torts réciproques, comme il ne réta-
blissait pas dans les cœurs la concorde et la
confiance.

On avait cependant vécu en paix pendant quelques années, quand le feu qui couvait sous la
vendre reprit de plus belle, cette fois avec une
violence qui présageait des désastres. De lentes
négociations entre le président de l'Etat libre et
Moshesh, le roi des Bassoutos, tinrent nos missionnaires en suspens pendant de longs mois.
Ils s'efforçaient d'ouvrir les yeux de Moshesh, de
lui faire voir les dangers auxquels il exposait son
pays par son attitude intransigeante et par sa
duplicité ; ils lui conseillaient de faire toutes les
concessions compatibles avec le maintien de son
indépendance et l'intégrité de son territoire. Ils
lui montraient la défaite qui, infailliblement, doit
être le terme de toute lutte entre blancs et
noirs. Moshesh paraissait comprendre et céder.
Puis les conseils de ses propres guerriers, flattant agréablement sa vanité, reprenaient le des-

sus, et tout était à recommencer. Enfin, en juin 1866, il n'y avait plus d'illusions à conserver. Un premier combat avait eu lieu ; la guerre était déclarée, une partie des Bassoutos se massait sur la frontière pour repousser les envahisseurs, l'autre se préparait à faire des razzias en plein pays ennemi.

Quatre ans devaient s'écouler avant la fin de cette guerre, que souvent les deux partis étaient aussi embarrassés de continuer que de terminer.

Pour nos missionnaires, l'avenir, comme le présent, était très sombre. L'existence même du Lessouto était en jeu ; l'œuvre de trente-deux années de travail patient et tenace était menacée d'anéantissement. Vaincus, les Bassoutos devenaient les sujets des Boers ; leur pays était diminué et morcelé en fermes. Vainqueurs, ils s'enorgueillissaient, rêvaient peut-être de nouvelles conquêtes, et en tout cas s'endurcissaient dans leur paganisme et dans leur ignorance traditionnelle. On ne savait que souhaiter, et M. Mabille en venait à désirer une bataille qui fût une défaite pour les uns et les autres, conservant aux Bassoutos leur territoire, mais leur donnant aussi une salutaire leçon d'humilité.

Les gens en fuite, les stations les plus exposées désertées par leurs habitants, les écoles et les cultes supprimés, le vide autour des missionnaires, telles furent les premières conséquences de la guerre dont nous nous occupons.

A Morija, il ne restait d'abord que M. et M<sup>me</sup> Mabille et leurs trois petits enfants, avec deux domestiques. Une battue minutieuse dans les villages environnants leur firent trouver deux vieilles femmes octogénaires, un petit enfant et un vieillard impotent, tristes épaves d'une fuite précipitée, qui furent recueillis au presbytère, et furent, pour un temps, la seule famille du missionnaire. L'œuvre était forcément arrêtée, les projets suspendus, les entreprises compromises. Comment vivre sans avoir à travailler et beaucoup à travailler ? M. Mabille se félicitait alors d'avoir sur le chantier plusieurs importants travaux de cabinet : « Heureux celui qui a maintenant des travaux de traduction et de correction pour passer le temps ! J'en ai de l'une et de l'autre espèce en bonne quantité, mais néanmoins l'attente dans laquelle nous vivons est presque insupportable. » (12 juin 1865).

Le 30 juillet, un « commando », ou corps d'armée de Boers, arriva à Morija, fit des perquisitions dans le presbytère, réduisit en cendres tout le village de la station et ceux des environs, détruisant les provisions de sorgho que les Bassoutos n'avaient pas pu emporter et ne respectant que les bâtiments appartenant en propre à la Société des missions. Ils allèrent ensuite mettre le siège devant la forteresse naturelle de Thaba Bossiou, sur laquelle Moshesh et ses guerriers s'étaient retranchés, donnèrent deux assauts infructueux, et finalement battirent en retraite pour reprendre des forces et se préparer à de nouveaux combats.

Cette accalmie laissait aux missionnaires le loisir de vaquer à leurs occupations habituelles, pour profiter d'un temps de répit dont la durée ne pouvait être prévue et qui peut-être n'était que le prélude de la lutte finale aboutissant à la destruction de la tribu et de l'œuvre de Dieu. Les cultes étaient de nouveau tenus régulièrement ; les Bassoutos quittaient les cavernes qui leur servaient de refuge, pour y assister, et l'on avait parfois à Morija des auditoires de huit cents personnes, parmi lesquelles une forte majorité de païens, que la menace des dangers à venir poussaient à chercher la délivrance auprès du Dieu des missionnaires. L'école de la station comptait jusqu'à cent vingt élèves, et quelques personnes se convertissaient. Mais la disette était grande, les vivres rares et chers en proportion, les souffrances considérables et le lendemain incertain et redoutable.

On parlait cependant de paix ; Moshesh finissait par faire avec les Boers un traité qui leur livrait une partie du territoire des Bassoutos. Dix stations de la mission française passaient aux mains de l'envahisseur, et le Volksraad, ou Parlement des Boers, décrétait d'ores et déjà l'expulsion des missionnaires résidant dans « le pays conquis ».

Partir, était-ce donc possible ? Fallait-il vraiment abandonner une œuvre tant aimée, arrosée de tant de sueurs et si riche en promesses ? Et où aller pour y servir Dieu ? M. Mabille eut la pensée de rester à Morija coûte que coûte et s'en ouvrit au chef Létsié, fils de Moshesh, qui se tenait caché dans les montagnes. Létsié lui ayant déclaré qu'il ne pouvait s'engager à le protéger ou répondre de sa sécurité, il fallut bien partir et prendre le chemin de l'exil, le cœur déchiré, l'âme angoissée. On attela le chariot des grands voyages. L'évangéliste Esaïa suivait, en pleurant. M<sup>me</sup> Mabille l'arrêta, et, ouvrant sa Bible à l'endroit indiqué pour ce jour-là par le

livre de textes des Moraves, elle lui lut les
paroles suivantes :

Le Seigneur vous donnera du pain dans l'angoisse,
    Et de l'eau dans la détresse ;
Ceux qui t'instruisent ne se cacheront plus,
    Mais tes yeux verront ceux qui t'instruisent,
Tes oreilles entendront derrière toi la voix qui dira :
    Voici le chemin, marchez-y (1) !

Le pauvre homme y vit une promesse et une
espérance. Ses larmes s'arrêtèrent. On pria
encore une fois ensemble, on se serra les mains, et
l'on partit. Mais c'est malades de corps et d'esprit que M. et M^{me} Mabille arrivèrent dans la
petite ville d'Aliwal North (colonie du Cap), où
plusieurs de leurs collègues les avaient précédés
ou les rejoignirent. C'est de là qu'on suivait
anxieusement la marche des événements, plon-
geant en vain les regards dans un avenir impé-
nétrable ; c'est aussi de là qu'on s'efforçait d'intéresser au sort des Bassoutos les autorités de
la colonie du Cap. Il y aurait eu une certaine
jouissance à se retrouver dans un milieu civilisé ;
mais on s'ennuyait, on regrettait le Lessouto, et
le travail qu'on y avait laissé, et les gens dont
on s'était séparé avec des cœurs si gros.

––––––

(1) Esaïe 30, 20-21.

Le comité ayant envoyé quelques secours pour les affamés du Lessouto, MM. Dyke, Mabille et le docteur Casalis, profitant d'un armistice, s'empressèrent de conduire à Morija des vivres bien nécessaires pour combattre une disette qui se faisait de plus en plus sentir. C'est avec des larmes de joie que M. Mabille revit sa station, ses paroissiens, les réfugiés d'autres Eglises ayant grossi les rangs de ses propres chrétiens, l'école et l'Eglise fonctionnant aussi régulièrement que possible sous la conduite de l'instituteur Filémoné et des évangélistes. Aussi M. Mabille se félicitait-il d'avoir eu des hommes de confiance auxquels il pouvait remettre la direction de son troupeau pendant ces jours difficiles : « Que de fois déjà, dans le secret de mon cœur, j'ai béni Dieu de ce qu'il m'avait poussé à confier la prédication de l'Evangile à des chrétiens natifs. Mais s'il avait permis la chose plus tôt, et que nous eussions pu laisser des pasteurs indigènes instruits et expérimentés, combien nos inquiétudes pour l'avenir seraient moindres et moins poignantes ! » (30 juin 1866). L'institution des évangélistes portait, en effet, des fruits plus beaux qu'on n'avait prévu, et les circonstances créées par l'expulsion des missionnaires avaient fourni à ces nouveaux ouvriers une occasion exceptionnelle de montrer

leurs capacités pastorales et l'utilité de leur existence.

A côté des sujets de reconnaissance, il y avait
aussi les sujets de tristesse. A la famine s'était
ajoutée la fièvre typhoïde. Puis les païens, aigris
et excités par la guerre, s'endurcissaient et s'op-
posaient fortement à l'Evangile. Et déjà des
Européens sans aveu, prêchant en eau trouble,
étaient venus avec des barriques d'eau-de-vie,
dont ils faisaient l'infâme trafic, honte et malédic-
tion des peuples soi-disant chrétiens, et appor-
taient ainsi de nouveaux éléments de trouble et
de démoralisation dans le sein d'un peuple déjà
affolé par une guerre malheureuse et sans espoir.

Après quelques jours de grandes joies et de
travaux pastoraux, il fallut repartir et reprendre
le chemin de l'exil. Mais cette visite volante avait
augmenté l'intense désir qu'éprouvait M. Mabille
de quitter Aliwal North et de rentrer à tout prix
au Lessouto.

La station de Bérée était en dehors des nouvelles limites que les Boers avaient tracées. M. et
M^{me} Maitin, les missionnaires de cette station, y
étaient surchargés de travail, encombrés qu'ils
étaient d'un grand nombre de chrétiens chassés
de leurs stations respectives et ayant trouvé à

Bérée un refuge momentané. Il y avait là quelque chose à faire... Aussi, en août 1866, M. et M<sup>me</sup> Mabille remontaient dans leur chariot, et, après un voyage sans incident notable, arrivaient à Bérée : c'était une amélioration de leur sort et un progrès. Car, de Bérée, M. Mabille pouvait facilement se rendre à Thaba Bossiou, qui n'avait plus de missionnaire, et même à Morija, diriger l'œuvre, encourager les chrétiens à garder la foi malgré les tentations et les épreuves de leur triste situation, et donner aux évangélistes les instructions nécessaires pour la bonne conduite de leurs troupeaux. Il put même, le 15 septembre, procéder à Morija au baptême de plusieurs adultes, enregistrer quelques conversions et distribuer la Cène à un grand nombre de chrétiens.

De Bérée, il écrivit une lettre au Président de l'Etat libre, pour lui demander l'autorisation de s'établir provisoirement à Morija, jusqu'à ce que les dernières décisions fussent prises à l'égard de cette partie du Lessouto. Il était pasteur, il avait charge d'âmes. Il voulait pourvoir aux besoins spirituels de ses ouailles et sauvegarder l'intégrité de l'Eglise, laissant à d'autres le soin de régler les questions politiques intéressant le pays. La réponse du Président fut ce qu'on pouvait supposer, étant donné les intentions et les dispositions des Boers : un refus péremptoire, auquel s'ajoutaient un blâme énergique pour les visites pastorales que M. Mabille avait faites à Morija, et un avertissement significatif portant que des conséquences graves pour lui pourraient résulter de son activité parmi les Bassoutos.

Morija était donc interdit à son missionnaire ; mais Thaba Bossiou restait accessible. M. et M<sup>me</sup> Jousse étaient en France, M. le docteur Lautré avait dû évacuer la station qui, située au pied même de la forteresse de Moshesh, était littéralement placée entre deux feux et recevait parfois la visite désagréable des boulets de l'assiégeant. Le temple, la maison Jousse, la maison Lautré, tout avait été démoli par les Bassoutos eux-mêmes qui, à court de combustible, avaient peu à peu enlevé des bâtiments de la mission tout ce qui se pouvait brûler, ne laissant que les murs et les pierres. Ce lamentable état de choses n'était pourtant pas pour arrêter M. Mabille. Il arriva à Thaba Bossiou avec femme et enfants et se mit à l'œuvre pour transformer en abris plus ou moins suffisants deux chambres de la maison Lautré. Une fois sa famille installée, il recommença son travail pastoral et missionnaire, s'occupant du relèvement de l'Eglise, dont la guerre

avait sensiblement affecté la piété et les mœurs,
et visitant de là sa propre église de Morija. Il
choisit, parmi les chrétiens réfugiés des autres
paroisses, des hommes éprouvés, les plaça parmi
leurs gens comme évangélistes, pour conserver
l'unité des troupeaux et y entretenir les cultes
réguliers et la prédication de la parole de Dieu.
De beaux mouvements religieux, de vrais réveils
partiels, furent la récompense de ces efforts intelligents et de cette foi. Et la dispersion des chrétiens, qu'allait causer la famine, fut arrêtée tant
par les mesures prises par M. Mabille que par la
distribution de céréales que les missionnaires
firent dans la mesure du possible.

En juillet 1867, M. et M^me Jousse rentraient à
Thaba Bossiou. M. Mabille leur cédait son cam-
pement temporaire et était de nouveau libre de
ses mouvements. Mais où aller ? Les menaces
d'une reprise des hostilités étaient plus fortes
que jamais ; l'Etat libre annonçait à Moshesh
qu'il allait procéder à l'expulsion radicale des
Bassoutos restés ou retournés dans le pays
annexé. Moshesh, astucieux et habile diplomate,
tergiversait et négociait, ne pouvant consentir à
l'exécution du traité qu'il avait lui-même signé,
sans doute, dans le seul but de gagner du temps.

Malgré cela, M. Mabille se déplaçait une fois de plus et allait s'établir à Morija même, au sein de sa grande famille spirituelle, qui salua son retour avec des effusions de joie.

Une démarche aussi audacieuse ne pouvait manquer d'exciter les colères des Boers. Ils voulaient voir dans les missionnaires le secret de la résistance des Bassoutos et la force morale qui les empêchait de capituler et de se disperser. Ils exigeaient donc que M. Mabille quittât sans retard le territoire qui, théoriquement du moins, leur appartenait. Les missionnaires eux-mêmes n'approuvaient pas le retour de M. Mabille à Morija. Irriter les Boers, les exaspérer, n'était-ce pas, en effet, compromettre le corps missionnaire tout entier et retarder l'heure de l'apaisement des passions et du rétablissement de la paix? Il fallut céder et reprendre, une fois encore, le chemin de l'exil. La station hospitalière de Bérée accueillit une fois de plus le missionnaire de Morija et les siens (1867).

Mais ces longues épreuves devaient pourtant finir. Moshesh avait depuis longtemps demandé au gouverneur de la colonie du Cap de le placer, lui et son peuple, sous la protection de l'Angleterre. La réponse s'était fait attendre. Les Bassoutos eux-mêmes avaient gravement compromis leur cause en envahissant sans raison la colonie anglaise de Natal. Il s'en était fallu de peu que cette stupide et injustifiable agression n'amenât les forces du Cap et de Natal à se joindre à celles des Boers pour écraser les Bassoutos, déjà très mal notés dans ces pays. Une amende de dix mille têtes de bétail seule avait pu conjurer ce nouveau péril. Les Boers serraient Moshesh de près et gagnaient du terrain ; il se décourageait et cédait à ce fatalisme inerte qui gît au fond du caractère des noirs. Il allait capituler entre les mains des Boers. Le Lessouto était sur le point d'être absorbé par ces derniers. Au dernier moment et pas un jour trop tôt, arriva une lettre du gouveneur du Cap annonçant à Moshesh que la reine d'Angleterre avait consenti à prendre les Bassoutos sous sa protection. C'était la délivrance tant attendue, c'était le salut.

A cette nouvelle, ceux des missionnaires qui étaient à Thaba Bossiou fondirent en larmes et tombèrent à genoux pour rendre grâce à Dieu de cette intervention providentielle et presque inespérée. Les Boers garderaient sans doute une grande et fertile tranche du Lessouto, mais le Lessouto resterait le Lessouto, et cela sous le

protectorat d'un peuple qui, pourvu qu'on main-
tienne la paix, et ne mette pas d'obstacles à son
commerce, sait travailler au développement des
peuples sauvages qu'il annexe.

Casaniers comme nous le sommes, nous Français, et puisant nos opinions dans des journaux
dont les rédacteurs n'en savent pas plus long que
nous sur ce qui se passe à l'étranger, nous
voyons volontiers dans la nation anglaise un
peuple égoïste et rapace, ne songeant qu'à l'extension de son commerce et à la prospérité de
son industrie; nous prétendons qu'il n'y a qu'hypocrisie dans ses entreprises philanthropiques et
dans ses œuvres religieuses. Il faut avoir le courage d'affirmer ici hautement, au risque d'exciter
les indignations de nos soi-disant patriotes, que,
tout en sachant parfaitement prendre soin des
intérêts de son commerce dans ses colonies,
l'Angleterre sait aussi se préoccuper et s'occuper
des intérêts moraux des peuples qu'elle place de
gré ou de force sous le sceptre de sa reine. Ceux
qui ont vu et qui savent, doivent dire à ceux qui
n'ont pas vu, qui ne peuvent ou ne veulent pas
voir, et qui ne savent pas, que les deux courants
qui circulent dans la nation britannique, l'un
commercial, l'autre philanthropique, trouvent
l'un et l'autre des débouchés parmi les nations

non civilisées de l'Afrique ; et que, si l'on veut
trouver des colonies où règne réellement et complètement la liberté de conscience, où l'instruction et la moralisation des natifs soient l'objet de
préoccupations sérieuses et émargent abondamment sur le budget de la métropole, c'est encore
et surtout dans les possessions anglaises qu'il
faut les chercher. Sous la domination des Boers,
le Lessouto eût été voué à la destruction, au
morcellement, à l'ignorance et à une demi-servi-
tude. Avec le régime anglais, devaient régner
la sécurité et le progrès. Le Lessouto devenait
un territoire réservé à ses seuls propriétaires
indigènes, la vente des liqueurs fortes y serait
prohibée, les écoles recevraient de fortes sub-
ventions. Catholiques, protestants et anglicans,
Français et Anglais, y jouiraient de la plus absolue liberté pour répandre, chacun à sa manière
et dans la mesure où il la possède, la vérité
évangélique. C'est pour cela que les missionnaires français, après avoir souhaité que les
Bassoutos gardassent leur indépendance, puis,
redouté de les voir tomber sous le joug des
Boers, saluèrent avec joie l'entrée du gouvernement anglais dans leur champ de travail et
en attendirent, pour les Bassoutos et pour
l'œuvre missionnaire elle-même, les plus heureux

résultats — espoir que la suite des événements n'a pas démenti.

Morija n'était plus sur le territoire des Boers ; ainsi que plusieurs autres de nos stations, dont les arpenteurs de l'Etat libre avaient déjà fait le relevé et dont certains fermiers étaient déjà devenus les acquéreurs, Morija était redevenu une station missionnaire en pays appartenant aux Bassoutos. Bien des questions restaient à régler entre Anglais et Boers ; des coups de feu allaient encore être échangés ; la crainte de conflits entre les deux nations rivales assombrissait encore le présent et rendait l'avenir incertain. Mais qu'à cela ne tienne ! On pouvait espérer et agir.

En revenant d'un voyage à Aliwal North, M. Mabille fut saisi d'un fort accès de fièvre à Morija. Il fut autorisé à y rester pour se soigner. De fil en aiguille, il y resta pour de bon. Après cinq déménagements en deux ans, il était rentré à Morija pour n'en plus partir. Cet arbre vigoureux, dont plusieurs transplantations n'avaient pu appauvrir les sèves, reprit racine dans le terrain qui lui convenait, pour étendre ses branches au loin et pour porter beaucoup de fruits.

Peu de temps après son retour à Morija, M. Mabille dit un jour à sa femme : « Si nous fondions l'école normale ? » Elle répondit : « Volontiers ; comme tu voudras. »

L'école normale était fondée.

# CHAPITRE XI

## L'ÉCOLE NORMALE

Pendant les entretiens que le docteur Duff avait eus avec nos missionnaires en 1864, il avait poussé ces derniers à placer partout des évangélistes et des instituteurs. On lui répondit : « Nous n'en avons pas. » — « Si vous n'en avez pas, répliqua-t-il avec son robuste bon sens, faites-en ! »

On avait cherché les moyens d'en « faire ». Nous avons raconté plus haut les phases qu'avait traversées la question de l'école centrale, les tergiversations, les déceptions, les essais avortés, la perspective de la venue du pasteur Robin, la guerre détruisant cette espérance et mettant en question, non seulement la création de cette école, mais même l'existence de la mission du Lessouto.

La paix une fois rétablie, il y avait à réorganiser l'œuvre tout entière, à rassembler les troupeaux dispersés, à recueillir les chrétiens que la conquête des Boers avait chassés de leurs villages. La nécessité de relever les ruines semblait devoir empêcher d'entreprendre de nouvelles constructions. La fondation de l'école centrale eût sans doute été renvoyée à des temps plus prospères. Or, quand il s'agit d'œuvres nécessaires, tout retard est un recul, tout ajournement, un détriment. Et ce n'est ni reculer, ni rester stationnaire que voulait M. Mabille, mais avancer résolument et progresser contre vents et marées. On pouvait, pensait-il, réparer les avaries faites par la tempête, tout en déployant ce qui restait de voiles et en cherchant à rattraper le temps perdu. Voilà pourquoi, sans attendre une réunion et une décision de la Conférence, cédant à l'impulsion de son cœur ardent et à la pression d'une conviction toujours plus impérieuse, il se décida brusquement à entreprendre la fondation de l'école, quitte à présenter cette dernière à la Conférence, qui aurait à statuer sur son organisation définitive. Pour lancer des entreprises et développer des œuvres, ce n'est pas tant des idées et des plans qu'il faut avoir : un homme suffit, un homme de cœur et d'énergie, un homme de foi, disons-nous encore mieux, croyant à l'aide de Dieu et se jetant bravement dans l'inconnu, avec la pensée qu'une œuvre commencée est à moitié réussie.

De la foi, il en fallait. C'était « sur les ruines d'une mission presque anéantie, écrivait le docteur E. Casalis, et pour ainsi dire au milieu du tumulte des combats, que l'école se fondait ». C'était aussi sans que le fondateur disposât même des ressources les plus élémentaires pour en assurer l'existence et le fonctionnement. Un personnel enseignant ? Il n'y en avait point. M. Mabille devrait, à côté de tous ses autres travaux, être le seul professeur de ses élèves. Des bâtiments ? Il n'en existait aucun. On tira parti de tout ce qui pouvait servir d'abri à des gens de bonne volonté. Les sacristies du temple, où M. Mabille avait logé sa petite famille pendant deux ans, ouvrirent leurs portes hospitalières à cette autre famille, spirituelle celle-là, qu'il essayait de rassembler autour de lui, et à laquelle nous voudrions donner, *mutatis mutandis,* le nom d'une école de prophètes. Quant à un local pour les leçons, on le trouva dans l'ancien atelier de menuiserie de M. Maeder ; on s'annexa ensuite la vieille chapelle autrefois construite par M. Arbousset.

Il y avait une vingtaine d'élèves. Ce n'était pas tout de les avoir enrôlés et de les instruire; il

fallait encore les nourrir, et cela à une époque
où les vivres étaient rares, le ravitaillement
difficile. M. Mabille s'adressa à la bonne Pénélope Liéngouané, veuve chrétienne de la famille
royale, et qui, dans le village de son père,
apprenait à lire aux enfants qui voulaient bien
essayer de s'instruire. Elle désirait « faire quelque
chose pour le Seigneur », et disait : « Je ne suis
pas habituée à ces durs travaux, mais Jésus est
descendu du ciel pour me sauver ; moi aussi je
veux me charger d'un travail pénible. » Et la
voilà quittant son village pour devenir la cuisinière et la matrone des élèves de M. Mabille.
Des femmes nouvellement converties, notam-
ment des femmes du chef Létsié, moulaient
bénévolement sur la pierre des paniers de sorgho, et concassaient le maïs pour les bouillies
qui constituaient le seul aliment des pensionnaires. Parfois cependant arrivait un mouton.
C'était « grand'mère Pénélope » qui, sous prétexte qu'elle avait besoin d'un peu de graisse,
l'avait fait prendre dans son petit troupeau pour
régaler de viande « ses enfants » et elle-même.
Elle est restée à l'école normale jusqu'à ce que
la vieillesse ait rendu trop lourdes pour ses
forces ses fonctions de cuisinière, ayant ainsi,
pendant vingt ans, servi Dieu dans une humble

position et avec une constance qui n'avait d'égale que sa simplicité.

Les élèves avaient été choisis parmi les jeunes gens ayant bonne réputation au point de vue religieux et montrant des aptitudes pour les études. A vrai dire, ils eurent d'abord quelque peine à s'habituer au régime frugal de la maison et aux règles de la discipline scolaire. Après l'indépendance absolue et le laisser-aller qui règnent dans les familles des indigènes, les règlements d'un internat, l'obligation de travailler conscieucieusement et à des heures fixes, les impatientaient et les éprouvaient. Job Motéané, actuellement pasteur au Lessouto, ne souhait-il pas, à cette époque, que les Boers revinssent disperser l'école et en brûler tous les livres ?

On avançait cependant, on progressait. Les examens que des délégués de la Conférence devaient faire passer aux élèves, eurent lieu et furent satisfaisants. La Conférence adopta définitivement et officiellement l'école, et appela à sa direction M. H.-M. Dyke, auquel M. le docteur Casalis fut adjoint comme professeur. Mais M. Mabille continuait à y donner des leçons, en particulier celles qui avaient plus spécialement un caractère religieux.

Car l'école avait été fondée sur les bases mêmes indiquées précédemment par les missionnaires. C'était une école centrale, ayant pour but d'instruire de jeunes chrétiens de telle façon qu'à la fin de leurs études, les uns pussent être employés comme évangélistes, d'autres comme instituteurs, d'autres enfin pour remplir simultanément ces fonctions, comme beaucoup de nos collaborateurs indigènes le font encore aujourd'hui. C'est ainsi que l'examen de 1870 portait sur les branches suivantes : la dogmatique, très simple sans doute, et essentiellement pratique ; la chronologie biblique ; l'histoire de l'Eglise ; l'explication du Nouveau Testament ; puis le sessouto, l'arithmétique, la géographie et l'anglais.

Que l'on ne se récrie pas à l'ouïe de ce mot : l'anglais. Le but d'une mission est de travailler pour le bien des indigènes et en vue de leurs vrais intérêts. Par la force des circonstances, les Bassoutos sont entrés dans la sphère d'influence anglaise. Les missionnaires savaient que le gouvernement anglais donnerait son appui et des subsides considérables aux écoles du Lessouto, à la seule condition qu'une place raisonnable y fût faite à l'enseignement de la langue de la métropole. C'était un moyen tout trouvé de fonder beaucoup d'écoles primaires sans avoir à demander pour elles des subsides aux églises de France. Demander à ces églises le moins d'argent possible, trouver au sud de l'Afrique ce qui est nécessaire aux besoins de leur œuvre, était alors déjà le principe et le souci de la Conférence. Et c'est ainsi qu'elle est arrivée à fonder et à entretenir plus de cent trente écoles primaires, donnant une instruction régulière à plus de six mille enfants chrétiens et païens, sans qu'il en coûte un centime à la société de Paris. Missionnaires protestants français et missionnaires catholiques, également français (les Oblats de Marie Immaculée), travaillant au Lessouto, n'ont pas hésité un instant à entrer dans cette voie si sage et si économique pour les églises qui les soutiennent. Et bien fou serait celui qui oserait le leur reprocher, ou leur lancer à la face cette accusation, si douloureuse à entendre, de manque de patriotisme. Nous ne sachions pas que jamais des catholiques français aient accusé les Oblats de Marie de « travailler pour les Anglais ». Faudrait-il donc inviter certains protestants français à prendre d'eux des leçons de tolérance et à imiter leur largeur d'esprit et leurs vues essentiellement chrétiennes ?

Pour épuiser ce que nous avions à dire sur

l'école centrale (ou normale), nous devons dire quelques mots sur l'annexe que M. Mabille ne tarda pas à y ajouter sous le nom d'école préparatoire.

Il voyait arriver à Morija, d'un peu partout, des jeunes gens désireux de s'instruire qu'il accueillait de son mieux. M. Mabille les nourrissait, ils demeuraient chez des gens de la station et fréquentaient l'école primaire, dont malheureusement l'enseignement laissait encore beaucoup à désirer. La surveillance de ces pensionnaires, leur entretien, leur instruction, tout cela était pour ainsi dire impossible dans de pareilles conditions, et leur admission à l'école normale était plus que problématique.

M. Mabille proposa alors à la Conférence de contruire pour eux un établissement spécial, un petit bâtiment où ils pourraient être casernés et instruits, et qui servirait d'échelon entre l'école primaire et l'école supérieure. L'enseignement y était donné en partie par M. Mabille, en partie par des maîtres indigènes. Quand nous arrivâmes au Lessouto, en janvier 1875, M. Preen y donnait un certain nombre de leçons, dont nous fûmes chargé après son départ pour Matatiélé. C'est à l'école préparatoire (car tel était son nom) que nous avons fait nos débuts dans la carrière missionnaire, comme professeur de géographie et de calligraphie (!). C'est là que nous avons trouvé la première occasion de travailler pour le bien spirituel des noirs, et c'est là que nous avons senti grandir en nous l'amour pour les Bassoutos, qui est encore aujourd'hui la chose la plus chère à notre cœur. Nous y avons vu une escouade de soixante à quatre-vingts jeunes garçons s'initiant peu à peu aux mystères de leur propre esprit et des connaissances humaines. Nous avons pu les suivre dans leur carrière, nous en rencontrons encore plusieurs occupant honorablement des postes d'instituteurs et nous rappelant avec plaisir les souvenirs de notre commune jeunesse. Nous voudrions avoir le temps de caractériser davantage la simplicité rustique de ce modeste établissement et affirmer les services réels qu'il a rendus à la mission du Lessouto.

Mais l'existence de l'école préparatoire n'a pas été longue. Elle a existé tant qu'elle a été nécessaire, ce qui n'est pas un mince mérite. Quand la Conférence reconnut que les écoles primaires du Lessouto étaient assez développées pour préparer des jeunes gens à entrer directement à l'école normale, l'école préparatoire fut supprimée.

Mais elle avait été, sans que personne s'en

doutât alors, le germe d'une institution nouvelle et d'un caractère très différent. Car c'est d'elle que sortit, par une évolution imprévue, mais nécessaire, l'école biblique, dont nous aurons à parler plus longuement tout à l'heure.

CHAPITRE XII

# EXTENSION DE L'ŒUVRE DE MORIJA

Une expression, empruntée au langage des Bassoutos, revenait assez souvent sur les lèvres de M. Mabille. Il appelait l'église de Morija 'Ma-Likèrèkè, c'est-à-dire « la mère des églises », pour indiquer qu'elle était la première en date parmi celles du Lessouto. A ses yeux, cette ancienneté, loin de lui conférer des droits, lui imposait au contraire des devoirs et des responsabilités spéciales : elle devait, disait-il, donner aux autres l'exemple de la piété et des bonnes œuvres qui en sont les fruits naturels et nécessaires.

Mais cette parole avait encore, dans sa pensée, une signification plus ample et plus belle. Morija devait devenir « une mère d'églises », c'est-à-dire fonder et entretenir beaucoup d'annexes, et contribuer, en général, à la formation d'autres centres religieux, en produisant tout à la fois des hommes capables de devenir évangélistes et les fonds nécessaires pour leur entretien.

Dans le district de Morija, il y avait amplement de quoi réaliser cette noble ambition. Derrière le mince rideau que formaient les chrétiens, on ne voyait que la masse épaisse et intacte des païens, ces couches profondes de créatures humaines livrées entièrement au sensualisme et au matérialisme qui constituent l'essence même du paganisme du Lessouto. Les tournées d'évangélisation entreprises par les missionnaires et les chrétiens avaient sans doute introduit dans la population païenne certaines vagues notions religieuses, en particulier celle de l'existence de Dieu. Mais ce ne sont pas quelques rares visites ou quelques prédications, nécessairement très espacées, qui pouvaient être considérées comme cette instruction religieuse qui doit être la base même de toute œuvre d'évangélisation.

Nous invitons trop aisément à se convertir des gens qui ignorent leur état de péché, la nécessité d'en sortir, l'œuvre que Jésus a faite et celle qu'il veut faire, aujourd'hui encore, pour eux. Ces appels prématurés à la conversion risquent fort d'endurcir les païens au lieu de les convertir ; car, s'ils leur donnent l'occasion de se prononcer *pour* l'Evangile, ils leur donnent aussi celle de se prononcer *contre* lui. A la question : Veux-tu être guéri ? Ils répondent non, parce qu'ils n'éprouvent encore aucun besoin de guérison. En disant non, ou même en ne disant pas oui, ils ont pris position, ils ont fait acte de paganisme en quelque sorte volontairement. Ce non les tient liés ; il les a engagés pour l'avenir ; ils sont plus païens qu'avant de l'avoir prononcé ; et ils se sont déterminés sans savoir ce qu'ils faisaient, avant d'avoir bien entendu et compris de quoi il s'agissait... Danger immense, responsabilité terrible, créés par ces appels prématurés, que n'a pas préparés une sage et patiente instruction religieuse des païens.

Cette instruction, ils ne la trouvent pas dans les cultes des chrétiens, pour la simple raison qu'ils n'y assistent pas. Ils ne recherchent pas par eux-mêmes la vérité. Même en faisant la part la plus large pour ceux d'entre eux qui fréquentent assidûment ou occasionnellement nos assemblées religieuses, nous pouvons affirmer en toute assurance, mais non sans douleur, que les païens ne vont pas à l'Evangile. Ils ne l'aiment pas ; ces choses-là ne les intéressent pas ; pas assez, en tous cas, pour les décider à franchir les grandes distances qui, parfois, les séparent de nos lieux de culte. C'est l'Evangile qui doit aller à eux, les persuader et les presser. Et c'est pour cette raison qu'il faut multiplier au milieu d'eux le nombre des évangélistes, en placer dans des positions centrales, pour qu'ils puissent être visités souvent, et peu à peu réveillés de la torpeur morale où ils vivent sans remords et sans inquiétude.

Au risque de prolonger outre mesure ces considérations générales, nous voudrions en ajouter une dernière, qui contribue fortement à nous imposer, comme un devoir de premier ordre, l'extension de notre œuvre d'évangélisation et la multiplication de nos points d'attaque contre le paganisme. Si nous évangélisons par amour pour les païens et dans leur intérêt, nous le faisons aussi dans l'intérêt des chrétiens eux-mêmes et de l'Eglise. Le paganisme, avec son organisation, sa tradition, ses vices et les mystères de sa franc-maçonnerie, est un milieu délétère, plein de mauvais exemples et de séductions, dans lequel la piété et la moralité des chrétiens ne se maintiennent que difficilement, et qui constitue pour l'Eglise un danger permanent. Qu'il soit agressif (et il l'est presque toujours) ou inerte, le paganisme est une menace constante pour l'Eglise, un mal contagieux, dont le voisinage continuel est une source de difficultés et de faiblesses pour les croyants encore tout imbus des superstitions et des habitudes de leur vie passée. Le paganisme, c'est l'ennemi. Il faut le combattre et le frapper dans l'intérêt de l'Eglise elle-même, de sa sanctification, de sa liberté et de sa vie. Il faut y percer de nombreux trous de mine et les charger de vérités évangéliques, pour que, le jour où l'étincelle divine descendra, elle rencontre des explosifs accumulés par les ouvriers de Dieu et fasse sauter, une fois pour toutes, le roc séculaire des erreurs et des turpitudes du paganisme. L'évangélisation des païens, la conversion des incrédules, c'est la lutte pour l'existence de l'Eglise.

Ces pensées, qui sont celles de tous les missionnaires, étaient aussi celles de M. Mabille. La grandeur de son district, le nombre de ses païens et leur endurcissement le préoccupaient à juste titre. Il en était hanté et obsédé. Et, avec la promptitude qu'il mettait dans tout ce qu'il faisait, il était résolu à fonder, à n'importe quel prix, et à bref délai, toutes les annexes dont la nécessité serait reconnue par lui. Cette œuvre d'extension ne l'empêcherait en rien de s'occuper du développement spirituel des gens déjà convertis ; elle serait au contraire un auxiliaire et un moyen de sanctification pour l'Eglise.

Les expériences faites pendant la guerre avaient prouvé la valeur et l'efficacité du ministère des évangélistes indigènes. Ils avaient sauvegardé l'intégrité de l'Eglise et fait des recrues parmi les païens. Leur attitude avait été la justification éclatante de l'institution à laquelle ils devaient leur existence. La voie était tracée ; on n'avait plus qu'à y persévérer. Désormais M. Mabille ne voulait avoir de repos que quand tout le pays bas, ou la plaine, — le seul peuplé alors — serait couvert d'un réseau d'annexes et d'écoles suffisant pour les besoins les plus pressants. Chaque année, pour ainsi dire, l'église de Morija, devenait la « mère » d'une petite église-annexe, frêle encore, à peine viable, mais vivant quand même et agissant de son mieux.

Par le fait même qu'elles se multipliaient, les annexes se fondaient plus facilement à certains égards. Au commencement, les chefs en regardaient l'établissement de mauvais œil : l'Evangile, pensaient-ils, est une bonne chose ; mais encore n'en faut-il pas trop. Ces évangélistes ne deviendront-ils pas une concurrence pour nous qui, en tant que chefs, sommes les grands prêtres du paganisme, et dont l'autorité s'appuie sur certaines coutumes entachées de superstitions et d'erreurs ? Le triomphe du christianisme ne sera-t-il pas la ruine de notre pouvoir ?...

A ces sentiments de jalousie et de défiance venaient ensuite s'ajouter, sans les détruire, l'orgueil et l'amour-propre. Avoir auprès de soi un évangéliste qui sait lire et écrire des lettres, c'est utile à un chef et cela le pose. Les grands chefs ont des missionnaires blancs, les chefs inférieurs doivent en avoir de noirs. La présence d'un homme de Dieu, c'est une certaine sauvegarde, c'est une amulette. En recevoir un, c'est faire plaisir à Dieu ; peut-être fermera-t-il les yeux sur bien des choses, en considération de la faveur qu'on lui a faite d'accueillir un de ses ouvriers. On s'arrangera pour que l'évangéliste n'ait pas trop de succès, on le maintiendra à sa place, et tout le monde sera content...

C'est ainsi que les annexes de la plaine se fondèrent peu à peu, et en nombre à peu près suffisant.

Mais Morija avait son hinterland, l'épais massif des Maloutis ou monts Drakensberg, déchiré par les profondes et étroites vallées formées par de nombreux cours d'eau et s'étendant jusqu'aux frontières de la colonie de Natal, sur le versant de l'Océan Indien. Pays d'abord inconnu et réputé inhabitable, refuge des lions, des panthères et des gazelles, refuge de ces Bushmen (1) « contre lesquels la main de tous était levée et dont la main était levée contre tous », la région des montagnes s'ouvrit peu à peu devant l'invasion de l'homme. Les beaux pâturages y attirèrent des Bassoutos et leurs troupeaux. La population de la plaine, se trouvant à l'étroit, surtout depuis 1880, commença à déverser un peu de son trop-plein dans les parties reconnues habitables de la montagne, s'enfonçant progressivement jusqu'au cours même de ces régions en apparence inhospitalières. Il fallut bientôt que les missionnaires s'occupassent de pourvoir aux besoins des chrétiens qui y avaient émigré et des païens plus nombreux qui s'y étaient fixés.

Après avoir entendu les rapports des hommes qu'il y avait envoyés en exploration, M. Mabille,

--------

(1) Les Bushmen, ou hommes des bois, peuplades de race et de mœurs totalement différentes de celles des autres naturels de l'Afrique méridionale, vivant par groupes de familles, dans des cavernes, et ne comptant que sur la chasse et le vol pour leur subsistance. Il n'en existe actuellement au Lessouto que quelques individus, qui ont échappé à la destruction totale de leurs petits clans par les chasseurs et les guerriers bassoutos.

avec M^me Mabille, se mit lui-même en route, en 1885, et parcourut à cheval la vallée de la Makhaléng, située à sept ou huit heures de la station de Morija, voyage assez difficile, par des sentiers parfois dangereux, et dans un coin du pays où tout ce qui est nécessaire à des Européens fait complètement défaut. Mais il y avait là des âmes à éclairer et à délivrer, et des portes s'ouvraient par lesquelles il fallait entrer le plus tôt possible. Pendant les huit jours que dura cette exploration, M. Mabille choisit l'emplacement de cinq annexes s'échelonnant le long de la rivière et fit des arrangements complets avec les chefs dont le consentement était requis. En revenant à Morija, il pouvait dire qu'il avait cinq annexes de plus... sur le papier et dans son cœur. Mais avec lui, ce qui était résolu en théorie ne tardait pas à être exécuté dans la réalité. Les évangélistes, il les trouva et bientôt les nouveaux postes étaient occupés. La construction de maisonnettes et de chapelles suivit en son temps ; il se forma de petites congrégations de chrétiens et de païens et des commencements d'écoles enfantines, bref, tout ce qui constitue les premiers éléments d'une église chrétienne.

Plus loin, il y avait la vallée du Sénkounyané,

ou Petit-Orange, elle aussi peuplée depuis quelques années et très éloignée de tout centre chrétien. M. Mabille la fit explorer par un de ses aides de confiance, qui en revint avec une carte assez complète, la liste des villages qu'il y avait vus et des propositions fermes pour l'établissement de deux annexes. Occuper au nom de Dieu cette vallée perdue, était un des fervents désirs de M. Mabille ; il en parlait sans cesse, il en parla encore la veille de sa mort, nous laissant comme un héritage sacré le soin de mettre à exécution ce projet cher à son cœur — projet que le manque seul de ressources financières nous a jusqu'à présent obligés de laisser en détresse.

Plus loin encore, il y avait la vallée du Haut-Orange et de ses affluents. Ce n'était pas la paroisse de M. Mabille, ce n'était en réalité celle de personne : raison de plus pour lui de s'en occuper.

Il plaidait, en Conférence, la cause de cette région, généralement connue sous le nom de Séhonghong, et sur laquelle il avait recueilli passablement de renseignements authentiques. D'autre part, il y intéressait des chrétiens de la colonie du Cap formés en société d'évan-

gélisation, sous le nom de Mission générale du
Cap (1) ; il obtenait leurs sympathies et des promesses de collaboration effective, sans lesquelles
la mission du Lessouto n'eût pas pu entreprendre
ni entretenir cette œuvre difficile et dispen-
dieuse. La Conférence plaça dans les montagnes
(en 1891) les deux premiers pasteurs indigènes
issus des églises du Lessouto et trois évangélistes. En 1893, M. Mabille et l'auteur de ces
lignes s'y rendaient pour inspecter cette branche
spéciale de la mission. En route, nous passions
le dimanche dans un village (quelques huttes de
paille) situé sur la rivière Mantsounyané, au
cœur même des montagnes. Rendez-vous y
avait été donné aux quelques chrétiens connus,
perdus dans ces parages, et à quelques catéchumènes que nous devions baptiser. Nous primes
la Cène dans cette espèce de désert ; et M. Mabille
établit là une dernière annexe, qui se ratta-

_______________

(1) En anglais : *Cape general Mission*, et depuis trois
ans : *South African general Mission*. Elle a pour président le pasteur Andrew Murray, l'auteur de plusieurs
ouvrages de haute piété, dont quelques-uns ont été traduits en français : *Comme Christ* et *l'Esprit de Christ*,
— et, pour agent principal M. Dudley Kidd, au zèle
duquel l'œuvre dite des Maloutis doit d'abondantes et
régulières contributions pécuniaires, recueillies par lui
en Angleterre, en Australie et dans la colonie du Cap.

chait encore à Morija par la simple raison qu'il l'avait fondée et qu'il s'engageait à la pourvoir d'un évangéliste et des fonds nécessaires pour la construction des bâtiments et pour l'entretien de l'ouvrier qui serait placé à sa tête.

Ce qu'il faisait pour le district de Morija, M. Mabille le faisait, dans la mesure où il en avait le droit, pour les autres paroisses du Lessouto. Son exemple et ses exhortations avaient poussé ses collègues dans la voie où il s'était lui-même engagé à fond. Il appuyait de toutes ses forces ceux qui voulaient comme lui procéder à une prompte et complète occupation de tout le Lessouto. Il leur fournissait des évangélistes quand il en trouvait, réalisant ainsi, sous une autre forme, son désir que Morija devînt une mère d'églises. A l'occasion, il s'adjoignait à tel de ses collègues pour « épier le pays », voir où l'on pourrait fonder de nouveaux postes, et s'aboucher à cet effet avec les chefs de ces districts. Les paroisses de Léribé et de Cana furent ainsi explorées par lui avec MM. Coillard, Kohler, H. Dyke et Preen, et un nombre considérable d'annexes furent le résultat de ces tournées missionnaires, l'église de Morija contribuant pour une large part au recrutement du personnel nécessaire pour leur établissement.

Fonder des annexes était donc, pour M. Mabille, un devoir de premier ordre, une joie, un soulagement de son cœur oppressé par le souci des païens laissés sans moyens de connaître la vérité chrétienne. Il n'était jamais satisfait ; ce qu'il avait déjà fait ne l'empêchait pas de voir ce qui restait à faire. Ses travaux personnels et son œuvre locale ne pouvaient l'absorber au point de lui faire oublier l'œuvre générale du Lessouto, qui fut toujours au premier plan de ses préoccupations. Nous nous rappellerons toujours ce passage, si caractéristique dans sa naïveté, d'un des derniers rapports qu'il présenta à la Conférence : « Nous n'avons fondé cette année que trois annexes. »

Que trois annexes ! Ces paroles étonneront ceux qui savent les difficultés que présentent l'établissement et la direction de ces postes auxiliaires. Trouver les évangélistes convenables, ou seulement suffisants, ce n'est certes pas chose facile. Pour un Mossouto comme pour tout autre, accepter ces fonctions, surtout en vue d'annexes où il n'y a pas un chrétien, ou dans les montagnes, implique de réels sacrifices et demande un véritable esprit de renoncement, dont beaucoup ne sont pas capables. Nous avons des chrétiens qui ont de la piété et de la bonne volonté, mais auxquels manquent les qualités requises pour des fonctions souvent délicates, les connaissances, le tact, l'autorité. D'autres sont intelligents et instruits, mais n'inspirent pas assez confiance au point de vue de la conduite et de la piété. Trouver des hommes possédant à la fois les qualités de l'âme et celles de l'intelligence, et qualifiés pour être tout ensemble des prédicateurs de l'Evangile et les « modèles du troupeau », c'est souvent l'œuvre de longues et patientes recherches ; c'est toujours un bonheur et un privilège. C'est la première et grande préoccupation du missionnaire qui a des annexes à fonder ou à pourvoir.

Diriger et surveiller ces ouvriers indigènes, avoir une influence religieuse et morale sur eux, les conseiller, débrouiller les affaires que des manques de tact de leur part, d'autre part les susceptibilités ou les intrigues des païens ne gâtent que trop souvent, voir se passer des mois et des années sans que l'on apprenne une seule conversion, ou entendre dire que tel chrétien est retombé dans le paganisme ou dans le péché, ce sont des choses qui pèsent lourd sur le missionnaire qui a beaucoup d'annexes dans sa paroisse. M. Mabille, avec les vingt-cinq annexes qu'il avait fondées et qu'il dirigea jusqu'à la fin de sa vie, connut et sentit abondamment ce que saint Paul appelait « le souci des églises qui l'assiégeait constamment ».

Ces vingt-cinq annexes, c'était beaucoup. Et c'était trop. Il ne pouvait les visiter aussi souvent qu'il était désirable et qu'il l'eût voulu. Les travaux multiples qu'il avait à faire à la station mère l'empêchaient de beaucoup sortir et de suivre ses évangélistes de très près. Il y avait trop de chrétiens pour qu'il pût les connaître familièrement, comme dans les premiers temps de son ministère. Il fallait pourtant que les choses marchassent, et elles marchaient dans le district de Morija, comme dans toute autre paroisse du Lessouto, avec des hauts et des bas, des défaillances et des succès, apportant joies ou tristesses, suivant les temps et les localités.

Pour subvenir à l'entretien des ouvriers indigènes et à la construction de leurs maisons et de leurs chapelles, il fallait des fonds considérables. M. Mabille savait en faire donner à son Eglise : le devoir pour chaque chrétien et catéchumène de verser chaque année une certaine contribution pour l'œuvre de l'évangélisation, était prêché par lui avec une insistance et une fréquence que justifiaient les besoins toujours pressants de sa vaste paroisse. Ce qui, en principe, ne devait être qu'une offrande volontaire, était devenu, par la force des choses, une contribution obligatoire pour chaque chrétien, dont le devoir était de faire vivre les œuvres entreprises par l'Eglise dont il était un membre actif et responsable.

M. Mabille était aussi, pour quelques-uns de ses amis d'Europe, ce qu'on appelle quelquefois le caissier du bon Dieu. Il ne se faisait pas de scrupule de leur demander du secours, considérant que les associer à l'œuvre de Dieu, c'était avant tout leur faire un honneur et leur procurer une grâce plutôt que de leur imposer des sacrifices.

Au reste, il payait largement de sa personne. Il versait dans la caisse de son Eglise la dîme de ce qu'il possédait et au delà. Et pour bâtir ses annexes, il employait tout entier le petit patrimoine qu'il avait hérité de ses parents, quitte à se récupérer quand la situation financière de l'Eglise de Morija et de la mission du Lessouto le lui permettrait.

Quant à la direction et à la surveillance de ses annexes, il y pourvoyait surtout en se servant des agents indigènes qu'il recrutait et formait pour ce service. Diriger l'œuvre de haut, réquisitionner la collaboration des chrétiens bassoutos

eux-mêmes, tout en les éduquant, telle était sa
méthode autant par principe que par nécessité.
Il croyait avec raison que dans certains cas les
indigènes sont plus aptes que les Européens à
parler à leurs congénères, à comprendre leurs
réticences, à les diriger d'une manière conforme
à leur caractère et à leurs circonstances. Les
missionnaires européens, imbus d'idées libéra-
les, voulant que tout, dans la vie chrétienne et
ses manifestations, soit spontané et intelligent,
sont parfois gênés, par cet idéal même, dans la
direction spirituelle des chrétiens indigènes. Un
évangéliste est moins embarrassé d'idées de ce
genre. Il considère davantage ses compatriotes
comme des mineurs auxquels il faut imposer
certains actes religieux, desquels on doit exiger
certaines œuvres chrétiennes, qu'il faut diriger
comme des enfants, sans tout attendre de leur
impulsion personnelle ou des inspirations de leur
conscience. Il y a sans doute là un grand danger,
auquel ils n'échappent pas toujours, celui de se
contenter de l'*opus operatum,* de l'acte en soi,
sans attacher assez d'importance aux mobiles
intérieurs qui seuls lui donnent une vraie valeur
morale. Mais chaque chose en son temps. Il faut
savoir se servir des instruments imparfaits dont
on dispose et en tirer le meilleur parti possible.

Chaque mois avait lieu, à la station, la séance du consistoire, c'est-à-dire la réunion de tous les évangélistes, anciens et instituteurs de la paroisse. On passait toutes les annexes en revue ; chaque évangéliste présentait son rapport mensuel, les cas de discipline étaient examinés, et les mesures nécessaires étaient prises pour la bonne marche de l'œuvre entière. C'était là le principal moyen de direction dont disposait M. Mabille, le plus satisfaisant et le plus efficace.

En sus de cela, les chrétiens et les catéchumènes de chaque annexe devaient venir deux fois par an, à jour fixe, à Morija, pour ce que M. Mabille appelait un examen. Il entendait alors, en leur présence, les rapports de leurs conducteurs ; il reprenait les uns, encourageait les autres et leur donnait à tous le mot d'ordre de la vie chrétienne.

Il y avait autre chose encore. Il avait organisé des visites d'annexes faites par les évangélistes eux-mêmes, des échanges de chaire, dirions-nous, s'il ne s'était agi que de prédications. En réalité, l'évangéliste-visiteur prêchait un sermon devant le troupeau de son collègue. Mais il inspectait aussi les bâtiments, il interrogeait les gens sur leur état spirituel et moral, et recueillait ainsi les matériaux d'un petit rapport qu'il communiquait plus tard à M. Mabille.

Ce dernier allait lui-même tenir des services dans ses annexes, à l'occasion de baptêmes d'adultes qui devaient y avoir lieu, ou quelquefois, mais rarement, lorsque des difficultés très sérieuses réclamaient sa présence. Pour tout le reste, il pratiquait la méthode usuelle des chefs bassoutos : se réserver pour les grandes occasions, n'intervenir personnellement que dans les cas exceptionnels, mais se servir d'envoyés, d'hommes d'expérience et de confiance chargés de faire les enquêtes nécessaires, d'exécuter ses volontés, de trancher les questions de leur compétence, quitte à en référer à lui et à obtenir sa sanction pour les mesures qu'ils auraient prises.

Il était, en réalité, l'évêque du district de Morija. C'est de plus en plus ce rôle d'évêque que les progrès de l'œuvre imposeront aux missionnaires du Lessouto. En réalité, nous en sommes là, sans usurper, bien entendu, le nom d'évêques, que nous n'avons ni la prétention, ni l'ambition de porter. Développer nos ouvriers indigènes, leur donner graduellement plus de responsabilités, agir sur eux directement, et par eux indirectement sur les Eglises, voilà la tactique que nous imposent la croissance de notre œuvre et le souci des vrais intérêts de l'Eglise du Lessouto.

Les résultats des travaux d'évangélisation de M. Mabille ne laissent aucun doute sur leur efficacité. Pour s'en convaincre, il suffira de remarquer la progression croissante du chiffre des chrétiens et des catéchumènes dépendant de l'Eglise de Morija. Le tableau suivant parlera pour lui-même.

Quand M. Mabille prit en 1860 la direction de l'Eglise de Morija, elle comptait :

| Années | Membres de l'Eglise | Catéchumènes | Ecoliers |
| --- | --- | --- | --- |
| 1860 | 234 | 203 | 160 |

Les années suivantes fournissent la statistique suivante :

| | | | |
| --- | --- | --- | --- |
| 1872 | 454 | 308 | 514 |
| 1878 | 725 | 415 | 702 |
| 1886 | 1.051 | 393 | 835 |
| 1890 | 1.241 | 617 | 1.306 |
| 1894 | 1.692 | 624 | 906 |

Il faudrait ajouter à ces chiffres ceux des décès et des émigrations de chrétiens, qui les compléteraient et donneraient une idée exacte du nombre des personnes qui ont été sous la direction spirituelle de M. Mabille. Mais rechercher ces chiffres nous paraît inutile ; ceux que nous avons donnés suffisent. Sans doute, quand il s'agit d'estimer les résultats d'une œuvre spirituelle, les chiffres ne sont pas tout. C'est la qualité des chrétiens plus que leur quantité qui serait la vraie norme et le critère exact des résultats obtenus. Mais aussi, comment évaluer la valeur spirituelle des hommes et le degré d'intensité de leur vie religieuse ? — Les données de la statistique ont cependant leur importance, surtout quand toutes les personnes qu'elles représentent ont librement fait acte d'adhésion à l'Evangile et n'ont été admises dans l'Eglise qu'à la suite d'une profession de foi personnelle et d'une préparation appropriée à leurs déclarations.

# CHAPITRE XIII

## L'IMPRIMERIE

Dans une œuvre missionnaire, comme en beaucoup d'autres entreprises, on peut se contenter d'un *minimum,* — dire, par exemple, que quand on a converti un païen, qu'on lui a appris à connaître Dieu et à le prier, à croire en Jésus-Christ, à mener une vie morale, on a rempli ses devoirs et accompli sa tâche. On se borne ainsi à faire une œuvre essentiellement religieuse, dont nous sommes très loin de méconnaître la grandeur et la beauté, puisqu'elle est la principale raison d'être des missions et leur cœur même.

Certains esprits — et nul plus que M. Mabille — envisagent cependant leur tâche avec plus d'ampleur et sous des aspects plus variés. Ils pensent qu'il ne suffit pas de mettre les âmes en contact avec Dieu, mais qu'il y a aussi des intelligences à éclairer, des cœurs à éduquer, des personnalités à développer ; et cela en vue du plus grand bien de la vie religieuse elle-même et de la gloire de Dieu. Former des *hommes*, des chrétiens, voilà leur but. Avoir des chrétiens vrais mais intelligents, éclairés, aptes à se suffire à eux-mêmes, à répondre de leur foi, à éclairer les païens, des hommes dont tout le développement soit l'apologie par excellence de la religion chrétienne, voilà leur désir et leur programme. Quand l'instruction des hommes est orientée vers Dieu et son règne, elle est un des plus puissants auxiliaires de l'Evangile de Jésus.

Parmi les noirs de l'Afrique méridionale en particulier, il y a là une question de vie et de mort. Les peuples incultes vivent côte à côte avec les Européens et en concurrence latente ou ouverte avec eux. Si, d'une part, il est vrai que les faibles doivent subir la loi des forts et être subjugués par eux, il est vrai aussi, d'autre part, que l'homme sauvage et ignorant finit toujours par être englouti par l'homme civilisé. Mais un peuple, même petit et faible, impose le respect et voit ses droits reconnus et respectés par le seul fait qu'il est civilisé et instruit. Le salut des races noires est dans leur développement religieux, moral et spirituel, non dans la possession de fusils européens ou dans leur bravoure. Plût à Dieu qu'ils voulussent ou pussent le comprendre avant qu'il soit trop tard !

Un missionnaire, tout en travaillant pour le présent, doit songer à l'avenir, non seulement à l'avenir d'outre-tombe des païens, mais à leur avenir prochain et terrestre. Il se dit qu'il n'est pas appelé seulement à sauver quelques âmes de la perdition, mais qu'il doit travailler à former sur la terre un peuple ou des peuples. Une Eglise, oui, composée de tous ceux qui se convertiront, — mais encore un peuple, qui était menacé de périr sous les coups de ses adversaires ou de dépérir par suite des ravages de cette gangrène mortelle qu'est le paganisme, et que l'esprit de l'Evangile peut seul régénérer et sauver. C'est une des gloires de l'œuvre des missions que de rendre aptes à vivre — nous allions dire : dignes de vivre — des nations que les fatalités de l'histoire et la méchanceté des hommes semblaient condamner à une destruction irrémédiable. Le monde dit d'elles : « Coupe-les ! Pourquoi occupent-elles le sol inutilement ? » Les missions répondent : « Laisse-les encore cette année : je creuserai tout autour et j'y mettrai du fumier : peut-être porteront-elles du fruit. »

M. Mabille avait vivement cette préoccupation. S'il poussait si vigoureusement au développement de l'œuvre de l'évangélisation, à la fonda-

tion des écoles supérieures ou primaires, c'était
certainement et tout d'abord en vue du bien
éternel des Bassoutos, mais aussi en vue de leur
salut temporel et terrestre en tant que nation.
Christianiser, civiliser, instruire, tout cela devait,
dans sa pensée, produire ce double résultat. Il
voulait arracher des limons où il était embourbé
le lourd chariot que le torrent toujours grossis-
sant de la civilisation européenne menaçait
d'emporter et d'anéantir.

Disons plus : il avait de l'ambition et de
l'amour-propre pour les Bassoutos, bien plus
qu'ils n'ent ont eux-mêmes, parce qu'il les aimait.
Pour eux il voulait, non le *minimum*, mais
le *maximum*. Il voulait qu'ils n'eussent pas à
rougir en se comparant à d'autres peuples du
Sud de l'Afrique. Ce que d'autres possédaient,
pourquoi ne l'auraient-ils pas, eux aussi ? Et
même, pourquoi ne marcheraient-ils pas à la tête
des autres peuplades noires, leur donnant un
exemple salutaire et encourageant ?...

Cette préoccupation se manifeste surtout très
nettement dans son activité littéraire et dans tout
ce qui se rattache à l'imprimerie de Morija.

Nous avons parlé ci-dessus de cette petite
presse que M. Mabille avait installée à Morija,
de ses débuts, de cette *Petite Lumière* qu'il

avait fondée et qui peu à peu faisait son chemin dans le pays. La guerre avait interrompu ces premiers travaux. Ils furent repris dès que le rétablissement de la paix permit aux missionnaires de remettre la main à la charrue avec confiance et sécurité.

En 1874, la Conférence décida que sa propre presse passerait des mains de M. Ellenberger à celles de M. Mabille, grâce à quoi ce dernier pourrait plus que doubler son travail. En 1880, pendant un séjour qu'il fit en France pour y surveiller l'impression de la Bible en sessouto, M. Mabille recueillit les fonds nécessaires pour l'achat d'une presse rotative, beaucoup plus commode et plus expéditive que celles dont il avait disposé jusqu'alors. Il revint au Lessouto avec cette nouvelle machine, procéda à son montage avec une ardeur que les difficultés d'une opération si délicate ne pouvaient calmer. Enfin, elle marchait, elle imprimait avec rapidité ; on pouvait mettre à la porte les anciennes, et « aller de l'avant ». Rien n'était joli comme de voir la satisfaction convaincue avec laquelle M. Mabille montrait cette « nouvelle servante de la mission », comme il aimait l'appeler — cet instrument qui, par sa diligence, était à l'unisson de celui dont elle devait réaliser les projets. L'imprimerie de

Morija arriva peu à peu à posséder un matériel
complet, dont il est inutile de faire ici l'inven-
taire. Un atelier de brochage y était adjoint, mais
quand on y avait imprimé un ouvrage digne de
recevoir une reliure en règle, M. Mabille faisait
venir les couvertures d'Europe, et ses ouvriers y
inséraient le livre. Plus tard, il envoya son meilleur ouvrier dans la colonie du Cap et lui fit
faire un sérieux apprentissage de relieur. On
pouvait donc — et on peut encore — faire relier
des livres à Morija, et cette partie des ateliers ne
chôme jamais. Sauf la correction des épreuves,
que l'on ne saurait impunément confier à aucun
indigène, toute la besogne était faite par des
apprentis et des ouvriers bassoutos, au nombre de
seize  et leur travail était, croyons-nous, aussi
bon que ce que l'on pouvait attendre de gens
encore maladroits, incapables des soins méticuleux et de l'exactitude absolue dans les détails
qu'exige la production des chefs-d'œuvre de la
typographie.

Ajoutez que M. Mabille était un imprimeur
improvisé, qu'il n'était pas davantage mécani-
cien ; qu'il fallait tâtonner pour tout, et recourir
à un forgeron indigène pour faire aux machines
des réparations délicates ; qu'enfin M. Mabille,
surchargé d'occupations diverses, ne pouvait pas

passer des journées entières à l'imprimerie pour en être le contremaître qu'il eût dû avoir. Quoi d'étonnant si les livres imprimés à Morija n'étaient pas parfaits, comparés aux produits d'établissements similaires en Europe ou même dans certaines colonies? Pour atteindre la perfection, il eût fallu dépenser beaucoup d'argent et travailler très lentement. Les besoins étaient pressants, et M. Mabille se disait qu'il vaut mieux faire ce que l'on peut que rien du tout. Les grands résultats obtenus par son imprimerie prouvèrent éloquemment combien était juste sa manière d'envisager la question.

Le fonctionnement de l'imprimerie suscitait à M. Mabille l'obligation de se livrer à des travaux littéraires. On pouvait sans malice se demander parfois s'il avait une presse pour imprimer des livres, ou s'il faisait des livres pour fournir du travail à sa presse. Jetons un coup d'œil rapide sur les livres qu'il mit en circulation, pour mieux faire comprendre le but et l'utilité de ses ateliers.

Le *Lésélinyana* ou *Petite Lumière du Lessouto*, dont nous avons raconté la naissance, était devenu un journal bimensuel de quatre grandes pages, dont l'abonnement coûtait 7 fr. 50 c., et qui, malgré ce prix relativement élevé, avait

pourtant 850 abonnés en 1894 et en a actuellement 1.060. Religion, politique, sciences, nouvelles des missions, chronique du Lessouto,
voyages et explorations, tout y trouvait sa place,
bien entendu pour autant que la langue des Bassoutos et leur tournure d'esprit se prêtent à la
tractation ou à la compréhension de ces différents sujets. La collaboration des missionnaires
du Lessouto, sur laquelle M. Mabille avait d'abord
cru pouvoir compter, faisant à peu d'exceptions près complètement défaut, il fallait bien
avoir recours à celle des indigènes ; les abonnés
devenaient corédacteurs du journal par les lettres qu'ils lui envoyaient, offrant même parfois
de payer pour l'insertion de leurs communications, quand le rédacteur en chef les trouvait trop
insignifiantes pour mériter de trouver place dans
ses colonnes. Certains numéros étaient vraiment
pauvres ; on y trouvait passablement de remplis-
sage. C'était l'histoire de tout éditeur réduit aux
abois par la rareté des manuscrits ayant quelque
valeur. Mais les abonnés indigènes ne s'en plai-
gnaient pas, preuve en est le chiffre toujours crois-
sant des souscriptions. Et M. Mabille augmentait
le format de son journal, sans douter qu'il rece-
vrait au jour le jour assez de « copie » pour en
remplir les pages. Il lisait, ou plutôt déchiffrait

patiemment les lettres des indigènes, tracées par des mains lourdes et pesantes, écrites dans des orthographe de fantaisie, sans même que l'artiste laisse le plus petit intervalle entre les mots pour permettre de les distinguer (1). Accepter ces lettres, c'était encourager leurs auteurs à de nouveaux efforts, c'était développer leur pensée, leur apprendre quelque chose de nouveau ; c'était donc un moyen d'éducation, très petit, sans doute, mais dont M. Mabille ne dédaignait pas la valeur.

En sus de la *Petite Lumière*, M. Mabille publiait encore, tous les trois mois, une brochure de 30 pages, appelée *l'Ami des Evangélistes et des Instituteurs*. Il avait eu l'idée, dès 1874, de « publier chaque mois des directions pour les moniteurs des écoles du dimanche et des notes préparatoires pour leurs leçons » ; mais ce projet avait dû céder le pas à des travaux plus urgents. Le désir en était cependant resté, ainsi que celui de créer un lien de plus entre lui et ses élèves de l'Ecole biblique, devenus évangélistes. Ce n'est

______

(1) Voir un spécimen d'une lettre d'un Mossouto dans l'ouvrage de M. Christol : *Au Sud de l'Afrique*, p. 239 ; et des fac-similés de quelques livres imprimés à Morija, même ouvrage, page 136.

qu'en 1888 qu'il entreprit la publication de cet
opuscule, qui contenait les leçons nécessaires
pour chaque dimanche du trimestre, expliquées
en détail, avec questionnaire et indication des
enseignements principaux qu'on en pouvait reti-
rer. La dernière leçon du trimestre était consacrée à un sujet tiré de l'histoire des missions. Il
y ajoutait des plans de sermon, une étude exégé-
tique sur la première épître de saint Pierre, faite
par M. Marzolff ; puis de courtes méditations, ou
des lettres d'anciens élèves de l'Ecole biblique
ou d'Evangélistes du Zambèze ; il y publia même
une adaptation de la *Théologie pastorale* de
Vinet à l'usage de nos collaborateurs bassoutos.
Cette intéressante publication continue à paraître
et ne manque pas d'abonnés.

Nous ne nous arrêterons pas à la série des
livres d'école, depuis l'abécédaire jusqu'aux géo-
graphies, arithmétiques et livres de lecture, ni
aux livres de piété, parmi lesquels, à tort ou à
raison, se trouvent trois ou quatre catéchismes.
Voyons plutôt notre livre de cantiques...

*Les Chants de Sion,* avec leurs mélodies, ce
serait toute une histoire à raconter, si nous ne
croyions pas devoir nous limiter à ce qui concerne M. Mabille. Jusqu'en 1874, on n'avait pas

eu au Lessouto de musique imprimée. Les missionnaires enseignaient des cantiques aux Bassoutos, en chantant successivement les quatre voix dans les oreilles de ceux qui devaient les apprendre. Grâce à l'extrême facilité dont les indigènes sont doués pour comprendre et retenir les mélodies sacrées, cette méthode tout empirique produisait de bons résultats et le chant, dans la plupart de nos églises, était généralement satisfaisant. Arrive en 1874 un Anglais nommé M. Nixon, grand propagateur de la méthode Curwen, appelée en Angleterre la « notation Tonic Sol-Fa ». Vous apprenez la gamme en *do* et cela suffit. Des lettres remplacent les notes ; des points et des virgules indiquent la valeur des notes. Tous les morceaux sont écrits dans la gamme unique que l'on a apprise. Il suffit de savoir entonner dans le ton indiqué à la clef et de chanter, pour ainsi dire, à livre ouvert le cantique que l'on veut apprendre. Une méthode aussi simple, qui est à la portée des enfants eux-mêmes, ne pouvait que tenter M. Mabille, dont les goûts musicaux étaient considérables. Il la connaissait par les journaux ; la visite de M. Nixon acheva de la mettre au courant des détails de la chose. Bientôt, il introduisait la notation Curwen dans l'enseignement de l'Ecole nor-

male et de l'école primaire de la station, et, au bout
de quelques mois, elle pénétrait dans toutes les
Eglises et écoles du Lessouto, avec une grande
facilité et de grands succès de popularité. La cul-
ture du chant sacré et profane fit ainsi de rapides
et heureux progrès.

Alors M. Mabille conçut le projet de préparer
pour les Eglises du Lessouto un livre de cantiques avec musique. Demander l'autorisation à
M. Curwen et faire venir une fonte des caractères d'imprimerie nécessaires, fut aussitôt fait
que pensé. Il fallut ensuite rechercher, dans les
recueils de cantiques français, anglais et allemands, les mélodies déjà usitées au Lessouto, les
transcrire dans la nouvelle notation, remplacer
les airs défectueux par d'autres plus appropriés,
ajouter de nouveaux cantiques, dont la plupart
composés par lui-même : car nous devons à
M. Mabille un assez grand nombre de cantiques
sessoutos, les uns produits de sa propre inspiration, les autres traduits du français ou de
l'anglais, ou encore, ce qui vaut mieux, adaptés
librement au génie de la langue des Bassoutos et
au niveau de leur piété. Bref, en 1877, M. Mabille
mettait en vente un recueil contenant 263
cantiques, fruit de longs travaux de transcription
et d'impression, mais qui trouvait immédiatement

un débit abondant, et que devaient suivre plusieurs autres éditions revues, corrigées et augmentées, celles-là imprimées en Europe. Le recueil de cantiques du Lessouto, avec musique à quatre voix, en est actuellement à sa cinquième édition et compte 445 cantiques, de valeur diverse, et qui sont un élément important dans l'édification des chrétiens et dans l'évangélisation des païens.

Voici un volume intitulé : *Chants pour les Ecoles supérieures*, et contenant 99 morceaux à quatre voix ayant ou non un caractère religieux. Les mélodies ont été empruntées aux compositeurs les plus divers, mais *toutes* les paroles sont de M. Mabille.

Ce livre est un *Manuel de la conversation* en sessouto et en anglais, composé par lui. Celui-ci, c'est le *Dictionnaire biblique* de Meylan, gros volume de 471 pages, traduit et imprimé par lui. Voici l'*Histoire ecclésiastique* de Bonnefon, également traduite et imprimée par lui. Ce volume de 448 pages, c'est un *Commentaire de l'Evangile de saint Luc,* composé par le regretté Louis Duvoisin, grâce aux pressantes sollicitations de M. Mabille. Ce dernier souhaitait que la Mission

mît à la disposition des chrétiens bassoutos un
commentaire de la Bible entière, soit une espèce
de Bible annotée, soit une série de volumes, espé-
rant ainsi aider les évangélistes à mieux comprendre les Ecritures Saintes et à élargir le cercle trop étroit de leurs prédications. M. Duvoisin,
admirablement qualifié pour un travail de ce
genre, voulut bien se charger d'un premier essai.
Son commentaire sur Luc prit des proportions
considérables, mais que de services ne rend-il
pas! Il est la ressource suprême de beaucoup de
prédicateurs indigènes, et il est hors de doute
que nul livre de la Bible n'est plus exploité par
eux que le troisième Evangile, dont M. Duvoisin
a livré la clef à ceux qui veulent bien s'en servir.
Quant au projet de publier un commentaire des
livres du Nouveau Testament, il n'a pas été aban-
donné et nous espérons encore arriver à le réaliser peu à peu.

L'histoire du *Vocabulaire* sessouto-anglais et
anglais-sessouto présenterait un grand intérêt,
si l'on voulait en raconter la publication. Nous
avons vu M. Mabille, pendant sa première traversée d'Europe en Afrique, faisant pour sa propre instruction une collection des mots sessoutos
qu'il trouvait dans le Nouveau Testament et que

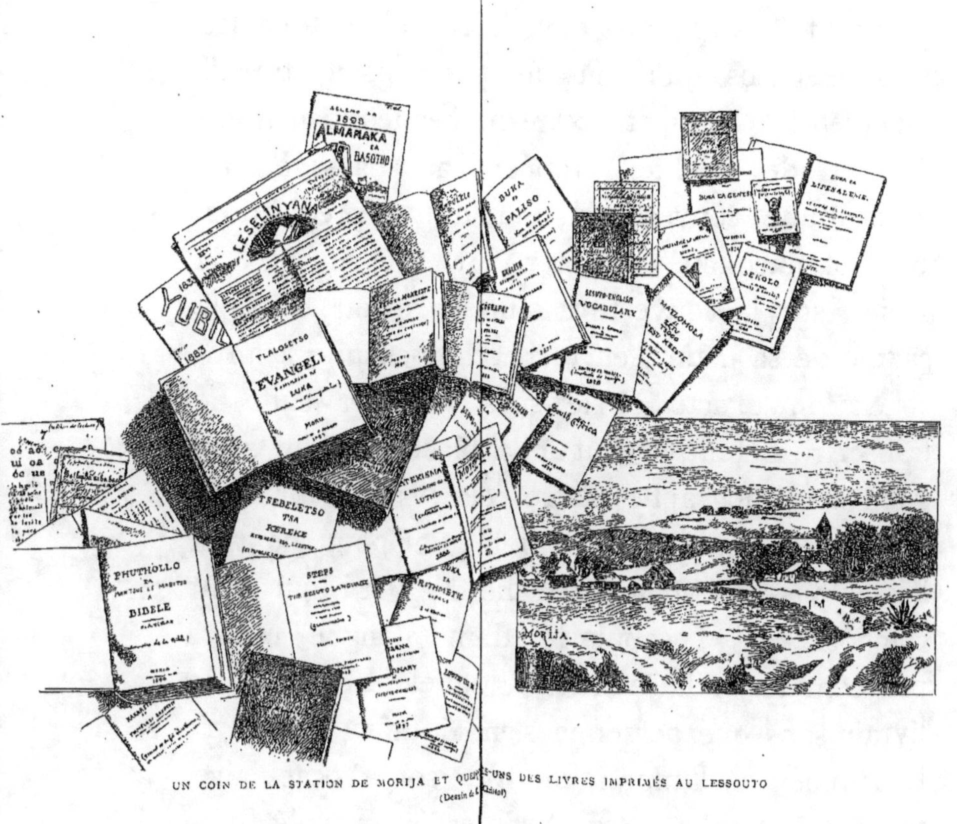

UN COIN DE LA STATION DE MORIJA ET QUELQUES-UNS DES LIVRES IMPRIMÉS AU LESSOUTO

(Dessin de l'auteur)

lui expliquait M^me Mabille. Ce travail, tout personnel au commencement, il ne devait plus l'interrompre. Ce qu'il avait fait pour lui-même et en petit, il voulut le faire pour le public et complètement. Il s'appliqua donc à recueillir tous les mots sessoutos qu'il entendait ou lisait, travail imperceptible, patient, exigeant beaucoup d'attention et de fidélité. Happer au passage, au cours d'une conversation ou d'une prédication, un mot inconnu, le noter sur un chiffon de papier, sur la couverture d'un livre ou dans la paume de sa main ; en rechercher ensuite la prononciation exacte et le sens vrai, et enfin le transcrire définitivement à la place que lui assigne son orthographe ; faire cela pendant plus de trente ans, être toujours sur le guet pour ne rien laisser passer : voilà la tâche de celui qui veut composer le vocabulaire d'une langue encore peu connue, voilà le travail auquel M. Mabille se livrait sans que personne s'en doutât. En 1876, il commença l'impression de son vocabulaire, mais ne le publia qu'en 1878, et encore n'était-ce que la partie sessouto-anglais. Des feuilles blanches étaient intercalées entre les pages des exemplaires destinés aux missionnaires, pour qu'ils y inscrivissent les mots nouveaux qu'ils pourraient ajouter à sa propre collection. Il ne s'agissait donc que d'une édition provisoire, destinée à rendre la suivante plus complète et plus exacte. Cette seconde édition parut en 1894, joli volume de 487 pages, contenant 7.770 mots sessoutos, leurs dérivés et leur traduction, et précédé d'une grammaire de la langue des Bassoutos, rédigée par M. E. Jacottet, qui lui-même n'avait fait que corriger celle qu'avait composée M. F.-H. Kruger, le futur professeur de la Maison des Missions, pendant le court séjour qu'il fit dans l'œuvre du Lessouto. Quelque riche que soit le vocabulaire actuel, et malgré toute la peine que M. Mabille et quelques-uns de ses collègues ont prise pour le perfectionner, il est loin encore de contenir tous les mots que le sessouto met à la disposition de ceux qui le parlent. Il faudra de longues années pour épuiser la matière et aussi pour trouver le sens tout à fait précis de beaucoup de vocables. Traduire l'européen en africain est difficile ; traduire l'africain en européen l'est tout autant, sinon davantage. Il y a partout des mots dont on sent la signification sans pouvoir la préciser ou l'expliquer complètement.

Détail touchant et caractéristique : ce vocabulaire que M. Mabille avait commencé avant même de fouler du pied le sol de l'Afrique, fut aussi le dernier travail d'imprimerie auquel il mit la main. C'était en avril 1894 ; il revenait d'un voyage de santé et tenait à présenter à la Conférence qui approchait ce travail, auquel il attachait une grande importance. Ses relieurs et lui-même travaillaient fort tard dans la soirée et réussirent à préparer le nombre d'exemplaires voulu. Qui se fût douté, à ce moment, qu'en faisant ce travail, M. Mabille faisait aussi ses adieux à son imprimerie — cette œuvre si chère à son cœur et à laquelle il avait consacré tant de soins et de labeurs ?...

Outre la publication de livres de piété et d'école, dont nous n'avons indiqué que les principaux, l'imprimerie de Morija se chargeait encore de tout travail requis par la Conférence pour les besoins de son œuvre. Elle travaillait aussi pour le compte du gouvernement du Lessouto, et elle était à la disposition du public du Lessouto et des Etats environnants. Elle était ainsi devenue une industrie payante et se suffisant à elle-même, dont les bénéfices servaient à augmenter ou à renouveler son propre outillage et qui put même fournir des secours financiers à la mission, soit pour la distribution gratuite de certains livres d'école, soit pour l'établissement et le fonctionnement du Dépôt de livres, dont nous aurons bientôt à parler. Presque tout le matériel était la propriété personnelle de M. Mabille ; mais il eut soin, dans son testament, de céder à la mission tout ce qui lui avait été donné pour ses ateliers. Après sa mort, la Conférence a hérité de cette intéressante et utile institution qui, sous la direction de M. Alfred Casalis, a continué de fonctionner suivant les principes de son fondateur et avec les ouvriers qu'il avait formés.

Car, pour des raisons que nous aurons à signaler dans un prochain chapitre, M. Mabille voulait qu'à tout prix, des livres, et beaucoup de livres, fussent lancés dans la circulation parmi les peuples noirs de l'Afrique. Il travaillait lui-même activement dans ce sens, il stimulait ses collègues et les indigènes eux-mêmes à le suivre dans cette voie.

Il avait été jusqu'à promettre un prix de 250 francs pour la meilleure œuvre d'imagination qui serait écrite en sessouto, sans avoir l'air de se rendre compte des difficultés presque insurmontables que présente une pareille entreprise. Traduire des ouvrages écrits en Europe par et pour des Européens, non : les Bassoutos n'en comprennent ni le sens, ni les sentiments, ni les descriptions, ni les intrigues ; les choses d'Europe ne répondent que de très loin à celles qu'il connaissent ; leur imagination n'est pas assez « euro- péanisée » pour pouvoir suffisamment saisir les manières de vivre, de sentir et de penser des Européens, et en tirer grand profit. D'autre part, puiser les éléments d'un « roman » (nous em- ployons ce mot dans le sens le plus simple et pour désigner une œuvre d'imagination, une fiction), ce serait possible et souhaitable en théo- rie. Mais que tirer de cette vie monotone et terre à terre, la plus pauvre et la plus prosaïque des vies, qui puisse fournir les éléments d'un livre valant la peine d'être imprimé ou même capable d'intéresser et instruire des indigènes ? Ajou- tez à cela que le Mossouto, quoique très porté à se servir de comparaisons et d'allégorie, quoi- que possédant en sa propre langue toute une petite littérature de contes et de légendes que lui ont légués ses ancêtres (1), ne comprend pas le principe même d'un récit d'imagination. C'est inventé, dira-t-il avec sa logique abrupte et courte de vue ; ce n'est donc pas vrai ; c'est un mensonge. Et voià sa confiance détruite. Nous nous souviendrons toujours de la surprise dou-

---

(1) Voir à cet égard les très curieux *Contes populai- res des Bassoutos*, recueillis et publiés par M. E. Jacot- tet. — Paris, Ernest Leroux, 1895.

loureuse que manifesta un de nos élèves en théologie quand nous lui dîmes que le *Voyage du Chrétien*, de Bunyan, n'était pas une histoire vraie, mais une simple allégorie. Il lisait cet ouvrage avec autant de confiance que le Nouveau Testament lui-même !... Osez, après cela, écrire et publier des fictions en sessouto ! (1).

M. Mabille semblait ne pas prévoir cet écueil. Au reste, il tenait moins à un ouvrage de ce genre qu'à des livres d'étude, instructifs et édifiants « Faites des livres pour les Bassoutos », telle fut la parole d'adieu qu'il adressa sur son lit de mort à la femme d'un de ses collègues, conservant ainsi, jusqu'à sa dernière heure, une préoccupation qui l'avait suivi et poursuivi pendant toute sa carrière.

----

(1) Depuis qu'a paru la première édition de cette biographie, les choses ont marché, au Sud de l'Afrique, comme partout ailleurs, et il existe aujourd'hui des romanciers indigènes dont plusieurs très remarquables.

CHAPITRE XIV

# LE DÉPOT DE LIVRES

Tous ces livres, dira-t-on, que produisait l'imprimerie de Morija, qui donc les achetait ? Le
Lessouto compte environ 250.000 habitants, dont
l'immense majorité est encore foncièrement
ignorante et païenne. Y a-t-il là une clientèle
suffisante pour écouler tant de publications religieuses ou scolaires et pour permettre à un imprimeur de rentrer dans ses fonds ? Et où vont
ces nombreuses éditions de livres de cantiques et
de Nouveaux Testaments, dont nous entendons
parfois parler ?

C'est pour répondre à cette question qu'il faut
mettre ici en évidence ce que nous considérons
comme la pensée maîtresse de M. Mabille, celle
qui est sans contredit un des traits les plus origi-
naux et les plus beaux de sa manière d'envisager
les devoirs de la mission du Lessouto et ses propres obligations.

Il croyait que le Lessouto, en tant que gagné à
l'Evangile, était appelé à exercer une influence
religieuse sur les autres tribus du Sud de l'Afrique se rattachant à la même branche de la famille
humaine que lui. La parole de saint Paul : « Nul
ne vit pour lui-même » trouvait ici une applica-
tion d'une ampleur inattendue : les Bassoutos,
pensait-il, ne doivent pas travailler à leur propre
salut seulement ; ils doivent contribuer au développement des autres peuplades africaines, dont
ils sont solidaires et qui sont solidaires d'eux.
L'Eglise du Lessouto doit, elle aussi, être une
« mère d'Eglises », sinon en les enfantant toutes,
du moins en leur fournissant des évangélistes,
des instituteurs et des livres... La langue des
Bassoutos est proche parente de celles de plusieurs peuples établis dans l'Etat libre de l'Orange,
dans le Transvaal, et même sur les bords du
Zambèze. Il y a partout, du Cap de Bonne-
Espérance à ce grand fleuve, des noirs dispersés
parmi les blancs, et formant des groupements
plus ou moins considérables, qui peuvent lire et
comprendre le sessouto. Les Bassoutos, d'autre
part, ayant conservé intactes leur nationalité et
la possession de leur pays, et possédant l'Evangile et ses bienfaits, sont peut-être plus à même
que d'autres de devenir, dans une certaine mesure,

un foyer de lumière pour des clans moins favorisés... C'est sans doute en vue de ce rôle que Dieu les a délivrés de la main de leurs ennemis et leur a rendu leur indépendance... C'est dans l'accomplissement de cette mission qu'ils auront leur raison d'être et de subsister devant Dieu et devant les hommes... Sans doute, ils sont loin d'être parfaits ou dignes d'une œuvre si belle ! comme peuple ils n'ont pas cru en l'Evangile ; leurs chrétiens sont sujets à de grandes défaillances. Mais est-ce une raison pour ne rien faire ? Et si l'occasion nous en est offerte, avons-nous le droit de nous refuser à contribuer au succès d'autres sociétés missionnaires, aussi fidèles que la nôtre, mais moins bien placées peut-être que nous pour produire une littérature destinée aux Africains ?...

Ce point de vue, dont nous venons d'indiquer les grandes lignes, explique plusieurs des entreprises de M. Mabille et leur donne leur véritable signification. L'extension de son commerce de livres, la fondation de l'Ecole normale et de l'Ecole biblique, et, bien entendu, son intérêt pour les missions extérieures au Lessouto, en sont les produits les plus apparents.

Les livres imprimés à Morija ou à l'étranger constituèrent donc une sorte de librairie à laquelle

M. Mabille donna le nom moins prétentieux de *Dépôt de livres sessoutos*, dont il avait eu la première pensée en 1860. On y pouvait — on y peut encore — trouver tous les livres dont nous avons nommé quelques-uns ci-dessus ; on y trouvait en particulier la Bible en sessouto, dont il faut faire ici une mention spéciale.

Nous avons dit plus haut que, dès son arrivée au Lessouto, M. Mabille s'était étonné d'apprendre que les Bassoutos ne possédaient pas encore la Bible entière traduite dans leur langue, et qu'il avait pris la résolution de travailler vigoureusement à la traduction et à l'impression du volume sacré. Ce fut sa tâche — ou l'une de ses tâches — pendant de longues années. Qu'il s'agit de traduire, de reviser ou d'imprimer tel ou tel livre de la Bible, il était prêt à y mettre la main. Au fur et à mesure qu'une portion du livre saint était traduite, elle était imprimée et mise en vente, et dès lors soumise à une revision minutieuse confiée à l'un ou l'autre des missionnaires — travail plus compliqué et plus ardu que ne peuvent se l'imaginer des personnes qui ignorent les profondes différences qui existent entre le génie des races blanches et noires et leurs langages respectifs.

Qu'on n'oublie pas qu'il s'agit de traduire, dans une langue encore « païenne » — s'il nous est permis de dire ainsi — pauvre en mots exprimant les choses de l'âme, pour la bonne raison que les païens, sensuels et matérialistes, étaient dénués de toute idée spirituelle, les choses spirituelles par excellence, les révélations divines, les effusions religieuses et poétiques des Hébreux, les subtilités d'un saint Paul, les profondes pensées d'un saint Jean, en un mot, l'Evangile de Jésus tout entier. Pour parler parfaitement des choses célestes, une langue céleste pourrait seule être suffisante. Nos langues européennes sont loin de pouvoir exactement traduire et exprimer les vérités divines. A plus forte raison, dirons-nous, que des sujets si sublimes ne peuvent que très imparfaitement s'accomoder de la langue terre à terre, étriquée et indigente, d'un petit clan de pâtres africains, et y trouver des mots qui leur conviennent.

Il faut y arriver pourtant, Dieu sait au prix de quels labeurs. Au contact avec les choses spirituelles de la Bible, la langue des noirs s'enrichit et s'embellit. On évite autant que possible d'y introduire des mots étrangers qui la défigureraient, tout en s'y acclimatant, après avoir revêtu les formes étranges des idiomes africains. Le

miracle sur lequel on compte, c'est celui de la
transformation des mots africains eux-mêmes, de
leur éducation, de leur croissance. Les mots,
grâce à leur élasticité intrinsèque, et parce qu'ils
sont en quelque sorte des organismes vivants,
prennent des acceptions et des significations nouvelles et étendues ; ils se spiritualisent, ils
deviennent « chrétiens », de « païens » qu'ils
étaient. Pour des âmes régénérées par l'Evangile,
il faut un langage régénéré lui aussi par ce même
Evangile. La langue d'un peuple s'enrichit des
richesses spirituelles qu'il accumule. C'est ce qui
est arrivé pour le sessouto comme pour tout autre
idiome : il a subi, il subit encore l'influence des
idées chrétiennes et élargit le domaine des choses qu'il peut exprimer. Et c'est grâce à cette
évolution merveilleuse et continuelle que les missionnaires sont parvenus à traduire dans cette
langue autrefois barbare la Parole de Dieu, d'une
façon vraiment satisfaisante.

M. Mabille s'était promis de ne prendre de
congé et de n'aller en Europe que pour y présider à l'impression de la Bible des Bassoutos.
Ce ne fut qu'en 1880 que ce projet put se réaliser. Son père et sa mère étaient morts sans qu'il
eût eu la joie de les revoir. Dès son arrivée en

Europe, il se mit au travail. Il s'adressa à la Société biblique britannique et étrangère, parce qu'elle possède un personnel habitué à imprimer des livres écrits dans les langues de tous les pays du monde et à cause des facilités pécuniaires qu'elle offre aux Sociétés de mission qui recourent à ses bons offices. Les épreuves d'imprimerie le suivaient et le poursuivaient dans ses voyages en France, en Alsace et en Suisse. Il les corrigeait partout, sur une table d'hôtel, dans un wagon de chemin de fer, au milieu même d'une réunion de famille ; car il eut toujours le don extraordinaire de pouvoir s'absorber dans son travail au point que le bruit des conversations de son entourage ne lui causait aucun dérangement.

Bien qu'il s'occupât en même temps de l'impression de deux volumes d'histoire biblique, d'un Nouveau Testament de poche et d'un livre de cantiques avec musique à quatre voix et contenant 415 numéros, que la Société des Traités religieux éditait pour le Lessouto, il suffisait à tout, mais à la condition de « travailler comme un forçat », comme il l'écrivait lui-même. Un voyage à Philadelphie (Etats-Unis d'Amérique) pour assister aux assises de l'Alliance Evangélique n'interrompit pour ainsi dire pas ces travaux extraordinaires. Il avait hâte de reprendre

le chemin du Lessouto, où il se sentait plus heureux que partout ailleurs et où l'appelaient son
travail et de graves événements politiques. Huit
jours avant la date fixée pour son départ, il signait
le bon à tirer pour la dernière feuille de la
Bible. Imprimeurs, brocheurs et relieurs donnaient un dernier coup de collier pour terminer
les deux exemplaires de la Bible que M. Mabille
exigeait de leur diligence. Par un véritable tour
de force, dont il parlait avec enthousiasme, ils
parvenaient à les lui livrer dans le délai voulu. Il
put en montrer un à la grande assemblée qui était
venue, à l'Oratoire de Paris, entendre ses adieux
le 7 janvier 1882. L'autre, il l'avait soigneusement
serré dans ses malles, et il le rapporta en triomphe au Lessouto, heureux comme un homme
dont un des vœux les plus anciens et les plus
chers est enfin réalisé et qui a le sentiment d'avoir
fait une bonne action...

Et maintenant que la Bible était au Lessouto,
il fallait la répandre. Elle prenait une large place
sur les rayons du Dépôt de Livres (auquel il est
grand temps que nous revenions) et elle trouvait
un débit d'abord considérable, puis relativement
petit, jusqu'au jour où, en abaissant le prix, la
mission put en faciliter l'acquisition à ses clients

du Lessouto et de l'étranger. L'édition de 1892 est à peu près épuisée. Après une nouvelle et dernière revision, la Bible vient d'être, cette année même (1898),) réimprimée en Europe sous la surveillance de M. E. Jacottet. Et nous continuerons ainsi à placer à la portée des âmes désireuses de marcher à la lumière divine le livre où Dieu a déposé ses révélations et le secret de ses volontés.

Livres de piété et livres scolaires, matériel d'école, bancs, tableaux noirs, cahiers, ardoises et cloches, tout était accumulé dans le trop petit bâtiment où M. Mabille emmagasinait ses trésors. Ce n'était plus pour le district de Morija seulement qu'il se fournissait des objets nécessaires aux écoles. Tous les autres missionnaires, voyant qu'en faisant des approvisionnements en gros, M. Mabille réalisait des économies considérables, lui avaient donné leur clientèle, et se pourvoyaient chez lui, à des prix accessibles aux petits budgets de leurs Eglises et aux petites bourses de leurs paroissiens, de tout ce dont ils avaient besoin pour leurs écoles. Les missionnaires catholiques et anglicans du Lessouto, pour lesquels M. Mabille avait pourtant peu de de tendresses, le trouvaient toujours prêt à leur fournir les livres dont ils pouvaient avoir besoin.

Grâce à ce dépôt de livres, le but visé par
M. Mabille pouvait être atteint. Le Lessouto rendait des services à d'autres pays, la mission pro-
testante française était une amie et une aide pour
d'autres œuvres similaires. Ce fait est probablement ignoré en France, ou en tous cas, connu de
peu de personnes. Il importe de le relever ici et
d'apprendre aux amis des missions que celle du
Lessouto possède une grande clientèle dans la
colonie du Cap, dans l'Etat libre de l'Orange et
dans le Transvaal, sans parler du pays des Barotsés ; que la *Petite Lumière* et *l'Ami des évangélistes* comptent plus d'abonnés en dehors du
Lessouto qu'au Lessouto même ; qu'il se débite
plus de livres sessoutos à l'étranger que dans le
pays même ; que notre action se répercute bien
au dela de nos frontières ; que personne, à vues
humaines, ne pourrait remplacer les missionnaires français dans cette œuvre originale et
prospère ; et que c'est à ces efforts persévérants
que notre mission, et, par elle, la Société des
missions de Paris, doit de jouer un rôle si honorable parmi ses sœurs de l'Afrique méridionale.

Pour s'en convaincre, il suffit de prendre connaissance des quelques chiffres suivants, indiquant le mouvement commercial du dépôt de

livres de Morija à l'heure présente. En une seule année, il en est sorti, sans parler de la vente locale, 27 caisses et 157 paquets de livres, expédiés par la poste ou par roulage et allant répandre de tous côtés les modestes produits de notre industrie. Le chiffre des commandes se multiplie chaque année avec une régularité à la fois réjouissante et inquiétante. Pour y satisfaire, nous devons sans cesse multiplier les éditions de nos principaux ouvrages ; l'imprimerie de Morija est absolument débordée ; le dépôt doit recourir à l'industrie européenne pour maintenir ses approvisionnements à la hauteur de la demande. Nous voudrions espérer que, dans un temps rapproché, cette branche de notre activité pourra recevoir des développements nouveaux et que notre littérature, sans cesse renouvelée et augmentée, sera mise en état de concourir plus largement encore à l'éducation des noirs et aux progrès de l'œuvre des missions.

Nous avons parlé de paquets de livres expédiés par la poste. En effet, pour pouvoir expédier à ses clients les livres qu'ils lui commandaient, M. Mabille avait dû demander au gouvernement l'ouverture d'un bureau de poste à Morija même : c'était un travail de plus pour lui, car c'est d'abord lui qui en fut le directeur. L'une de ses filles en fut alors chargée : servitude pénible, besogne compliquée et ennuyeuse, avec laquelle il fallait compter dans tous les projets et en toute circonstance, mais dont on acceptait avec plaisir les contrariétés, en se disant qu'on les supportait dans l'intérêt d'une œuvre utile et aimée, et, en fin de compte, pour la gloire de Dieu et pour son service.

Un autre moyen de diffusion de ces livres, ce fut, pendant plusieurs années, une petite entreprise de colportage commencée par M. Mabille avec le concours de quelques pasteurs hollandais et wesleyens de l'Etat libre de l'Orange. Un ancien évangéliste de Morija, parlant avec une égale facilité le sessouto, le hollandais colonial et le cafre, fut chargé de parcourir certaines parties de l'Etat libre, prêchant aux noirs établis sur les fermes des Boers et leur vendant des Nouveaux Testaments, des Bibles, d'autres livres religieux et des abécédaires. Il allait ainsi, avec sa provision de livres sur un cheval, bien accueilli par certains fermiers, repoussé et raillé par d'autres, mais trouvant presque toujours des gens disposés à l'écouter parmi ces noirs de l'Etat libre qui, nous disait-il un jour, « sont quelquefois plus païens que les plus ignorants païens du Lessouto ». Cette œuvre se développant, le cheval du brave Yohanne Taouana (c'est le nom du colporteur) fut remplacé par une légère roulotte attelée de quatre bœufs, avec laquelle il continua ses pérégrinations à travers les plaines de l'Etat libre, renouvelant sa petite bibliothèque et son zèle auprès de M. Mabille, qui le soutenait de tout son intérêt et de ses prières. Par suite de circonstances, à nous inconnues, cette œuvre de colportage est interrompue depuis deux années. Mais nous ne pouvions pas la passer sous silence puisqu'elle faisait partie du programme de celui dont nous racontons ici les travaux.

# CHAPITRE XV

## L'ÉCOLE BIBLIQUE

———

Cependant l'école centrale vivait et se développait dans les spacieux bâtiments qu'on avait construits à son intention, et sous la direction de M. Dyke père et du docteur Casalis. Le nombre des élèves augmentait, le niveau des études s'élevait, et l'administration du Lessouto, tout en promettant de subventionner les écoles primaires de la mission, offrait aussi des subsides à l'école normale à la seule condition qu'elle formât de bons instituteurs et fît à la langue anglaise une part suffisante dans son enseignement. Ces propositions coïncidaient avec les vues de la Conférence ; mais pour conserver à l'institution son caractère primitif, elle se proposait d'y avoir deux catégories d'élèves, ceux qui se destinaient à l'enseignement et ceux qui se préparaient à devenir évangélistes.

On croyait pouvoir s'en tenir à cela et combiner deux espèces d'enseignement dans un même établissement. Mais l'expérience ne tarda pas à prouver qu'un compromis de cette nature ne pourrait pas durer longtemps. L'obtention d'un diplôme d'instituteur et les avantages pécuniaires qui s'y rattachaient pouvaient devenir un piège et amener à l'école centrale des jeunes gens que n'animerait pas le seul désir de servir Dieu. Car on peut avoir du goût, des capacités et même une vocation pour la carrière de l'enseignement, sans en avoir pour celle de l'évangélisation. L'école centrale prenait peu à peu et très nettement le caractère d'une école normale d'instituteurs et ses succès mêmes la poussaient fortement dans cette voie. Former des instituteurs devint, vers 1875, son but unique et la substitution du nom d'école normale à celui qu'elle avait précédemment porté était l'indice exact du changement qui avait eu lieu dans son orientation.

Mais, hâtons-nous de le dire, son but était et est encore de former des instituteurs chrétiens, et travaillant dans l'esprit et conformément aux vues des missionnaires. Si des études spéciales ont remplacé sur son programme les leçons presque exclusivement religieuses des premiers temps, la tendance générale de l'institution et le but suprême que gardent en vue le directeur et le personnel enseignant sont de fournir à la mission du Lessouto des instituteurs qualifiés pour diriger des écoles chrétiennes et collaborer ainsi avec les missionnaires et les évangélistes. Les élèves de l'école normale reçoivent encore aujourd'hui des leçons bibliques régulières ; les cultes de chaque jour, le culte du dimanche soir en particulier, la classe des catéchumènes à laquelle toute l'école assiste, la participation des élèves à l'évangélisation des villages païens voisins de la station de Morija, l'esprit de la direction, les entretiens du directeur et de la directrice avec les pensionnaires, tout cela tend à conserver à cet établissement son caractère nettement missionaire ; et il en sera toujours ainsi.

Il n'en est pas moins vrai qu'à la suite des modifications apportées au programme de l'école, la mission du Lessouto ne possédait plus d'établissement ayant pour but de lui fournir des évangélistes, et que c'était là une grande et regrettable lacune. Il se présentait parfois à Morija des hommes d'un certain âge, ayant un réel désir de servir Dieu, mais incapables de suivre les cours de l'école normale et d'acquérir les connaissances requises pour la carrière d'instituteurs. Fallait-il pour cela les renvoyer à vide, et priver ainsi la mission d'ouvriers nécessaires ? Il y avait, à l'école préparatoire, trois hommes venus du pays des Bapédis, pleins de bonnes intentions, mais décidément très arriérés au point de vue de l'instruction. Que pouvait-on faire d'eux ? Les congédier ? Leur donner une instruction religieuse et plus à leur portée ?

C'est à ce dernier parti que M. Mabille s'arrêta. Il ne donnait plus à l'école normale que les leçons de chant ; il pensait pouvoir consacrer une heure ou deux par jour à ces étrangers qui l'intéressaient. Il les prit donc dans son cabinet de travail, leur expliqua la Bible et fonda ansi, en 1876, ce qu'il appelait la classe biblique de l'école préparatoire et qui ne tarda pas à devenir l'école biblique, cette institution chère entre toutes à son cœur, celle pour laquelle il eut toujours une sollicitude et des ambitions paternelles. Les trois premiers élèves devinrent bientôt quinze ; et déjà cette école prenait sa physionomie à elle, se faisait des traditions, vivait de sa vie propre et fournissait à la mission quelques nouveaux et utiles serviteurs.

La fondation de l'école biblique était, de la part de M. Mabille, un acte de foi. La Conférence et la Société de Paris, qu'il n'avait pas consultées avant de la commencer, ne pouvaient

lui fournir les fonds nécessaires pour l'entretenir.
« Commençons toujours, disait-il ; L'Eternel y
pourvoira. » Dieu, oui, et les amis de Genève ;
ou mieux : Dieu par les amis de Genève ; M.
Mabille priait beaucoup pour demander du secours
à Dieu ; mais il écrivait aussi beaucoup pour en
demander aux hommes. Ses appels au comité de
Genève étaient pressants, francs et immodérés.
Un de ses meilleurs amis de Genève nous disait
un jour de lui : « M. Mabille, quand il s'agit de
l'école biblique, est insatiable. On a beau jeter
au monstre une pâture abondante, il a toujours
faim, il veut toujours en avoir davantage. » Sous
sa forme familière et enjouée, cette remarque
était parfaitement vraie. Mais aussi, pour quelle
belle œuvre sollicitait-il le concours financier des
chrétiens de Genève ! En sus, M. Mabille, pendant son séjour en France, avait recruté des amis
s'engageant à donner chaque année une certaine
somme d'argent pour son institution ; ce secours,
arrivant régulièrement et fidèlement aujourd'hui
encore, assura la marche de cette œuvre et en allé-
gea les fardeaux.

Le nom même d'école biblique est tout le
programme de cette institution. L'étude de la
Bible en est le point principal, celui autour

duquel gravitent les autres parties de l'enseignement. Bien connaître la Bible, savoir s'en servir
pour la prédication, voilà le premier but visé. A
cette étude centrale s'ajoutent des leçons d'histoire biblique le catéchisme, l'histoire ecclésiastique élémentaire, des exercices de prédication
et la prudence pastorale. Il faut, d'autre part,
donner aux élèves une instruction générale, ne
serait-ce que pour leur permettre de suivre les
leçons bibliques proprement dites. On les fait
lire et écrire, on leur enseigne l'arithmétique et
la géographie. Ils deviennent ainsi capables
d'ajouter à leur travail d'évangélisation la direction d'une école enfantine. La mission du Lessouto
ne possède pas les moyens de placer dans cha-
cune de ses annexes un évangéliste et un instituteur, mais elle tient à avoir une école dans
chaque annexe. C'est évidemment l'évangéliste
qui doit s'en charger. Il se prépare à cette double tâche à l'école biblique, qui pourvoit ainsi à
deux sortes de besoins, sans se heurter contre
l'écueil qui avait fait dévier l'école centrale de sa
direction primitive et sans faire concurrence à
l'école normale.

Les élèves, quelle variété de types, d'âges et
de nationalités ! M. Mabille ne pouvait se décider à

refuser aucun candidat ; renvoyer un postulant lui faisait mal. Les bâtiments étaient calculés pour recevoir une trentaine d'élèves : il en admettait cinquante, il lui arriva d'en avoir plus de soixante quand il put ajouter un dortoir aux locaux déjà existants. Mais il n'aurait pas demandé mieux que d'arriver à la centaine. Nous lui faisions observer que le grand nombre des élèves compromettait leur instruction, que la quantité nuirait à la qualité, qu'il ne pouvait consacrer à chacun d'eux individuellement le temps qu'il eût fallu pour lui ouvrir l'esprit. Il reconnaissait à moitié la justesse de cette objection... et il continuait son chemin.

A part le grand nombre de ses élèves, l'école biblique présentait une autre et grande difficulté, provenant de l'âge même des étudiants. On y trouvait des hommes mûrs, mariés et pères de famille, pleins de piété, solides dans la foi, mais trop âgés pour beaucoup apprendre ; sur les mêmes bancs qu'eux venaient s'asseoir des jeunes gens préalablement instruits à l'école primaire, capables de comprendre et de retenir bien des choses, mais inspirant moins de confiance au point de vue de la vie religieuse. Mener de front l'instruction de deux catégories d'auditeurs si différents était et est encore, à notre avis, la chose la plus difficile qu'on puisse imaginer, un problème que nous dirions insoluble, s'il n'y avait pas dans une institution comme l'école biblique, pour former des hommes de Dieu, autre chose que des leçons.

Un autre aspect de l'école biblique, celui que M. Mabille appréciait le plus, et qui donne à cette œuvre une valeur toute particulière, c'était la présence d'un grand nombre d'élèves venus de l'étranger, en particulier du Transvaal. En août 1878, par exemple, sur vingt écoliers, il y en avait deux venus de l'Etat libre de l'Orange et dix du Transvaal, cinq de ces derniers appartenant à l'église hollandaise, quatre à la mission romande et un à la mission berlinoise ; il y avait plus d'étrangers que de Bassoutos ! Dans la suite, le nombre des Bassoutos dépassa sensiblement celui des étrangers, mais M. Mabille tenait à recevoir tous ceux qui venaient du dehors, à condition qu'ils pourvoiraient en partie à leur entretien en payant une pension raisonnable. C'était autant d'ouvriers qu'il préparait pour l'évangélisation de l'intérieur, des hommes de Dieu auxquels il fournissait les moyens de former, dans les coins les plus reculés du Transvaal, dans les villages anglo-hollandais ou dans les fermes des Boers, de petits centres de vie

chrétienne et d'évangélisation. La mission
romande en particulier avait ses plus grandes
sympathies : il avait été indirectement l'un de ses
fondateurs et il lui avait fourni ses premiers
évangélistes ; il voulait continuer à l'aider en
instruisant les jeunes hommes qu'elle envoyait
à son école et à l'école normale : la plupart des
ouvriers indigènes que nos frères de cette mission emploient dans leur œuvre, ont été formés
dans les écoles de Morija et y ont reçu une solide
instruction et de bons principes, dont ils font
excellent usage dans les stations des Spélonken
et aux environs de Delagoa-Bay. Et l'on pourrait en dire autant de la mission hollandaise de
l'ouest du Transvaal, dirigée par un missionnaire
venu de Suisse, M. Gonin, et dont les ouvriers
sont presque tous des disciples de M. Mabille.
Admirable et féconde pensée que celle de ce dernier, ambition essentiellement chrétienne, large,
généreuse et désintéressée, dont les beaux résultats seront connus le jour où « l'œuvre de chacun sera révélée » !

Tout ce qui se rapportait à l'école biblique se
faisait cependant avec la plus extrême simplicité.
Tout y avait été improvisé, tout y allait « à la
grâce de Dieu ». Une stricte économie était de

règle, parce que sans elle on n'aurait pu subsister.

Les bâtiments étaient petits et insuffisants ; les dortoirs en particulier étaient plutôt des huttes dans lesquelles couchaient un trop grand nombre d'élèves, une peau de mouton ou quelque vieux sac leur servant de matelas, le manque d'air pur étant même préjudiciable à la santé des occupants. La cuisine se fit, pendant de longues années, en plein air ; la nourriture était d'une frugalité monacale. Quant aux vêtements, les élèves s'en fournissaient eux-mêmes : ils arrivaient avec des nippes souvent insuffisantes ; des rapiéçages savants et patients, auxquels étaient consacrés les samedis après-midi, tenaient ensemble, tant bien que mal, ces hardes si soigneusement recousues ; le « complet » d'un « biblicain » avait souvent les apparences d'une carte d'échantillons. Nous avons pourtant vu, une fois seulement, les élèves de l'école biblique vêtus de quelque chose qui ressemblât à un uniforme. M^me Mabille découvrit un jour, dans un de ces petits bazars qui, au Lessouto, portent le nom de magasin, un lot de vieilles redingotes noires, de coupe exotique et surannée, qui avaient le mérite de ne coûter que 6 fr. pièce et d'être d'un drap en somme de bonne qualité. Elle mit autant

d'empressement à s'en emparer que le marchand
à s'en défaire, et le rapporta en triomphe à
Morija pour « ses enfants » qui exultèrent. Pendant plusieurs années on put voir ces braves et
simples bibliquains se rendre au temple vêtus de
ces précieuses lévites, qu'une escouade passait avec
regret à la suivante. Et ils n'avaient plus la tentation de convoiter les capotes de gardes natio-
naux mobilisés français — épaves de la guerre
de 1870-1871 — achetées également dans les
magasins du pays, que portaient crânement, le
dimanche, leurs camarades de l'école normale.

Improvisé aussi était le personnel enseignant
de l'école biblique. M. Mabille portait le fardeau le plus lourd. La préparation de ses cours
d'exégèse du Nouveau Testament, faite à l'aide
de bons commentaires qu'il traduisait plus qu'il
ne les consultait, lui prenait beaucoup de temps.
Les gros cahiers où il écrivait ses cours étaient,
après les leçons, remis aux élèves qui passaient
de longues heures à les recopier, pour emporter
dans leurs futurs champs de travail, après leur
sortie de l'école, des matériaux pour leurs prédications. Les filles de M. Mabille, absolument
dévouées à l'œuvre de leur père, devenues ses véri-
tables associées, et mettant de côté toute espèce

de fausse honte, de timidité ou de préjugé, se chargeaient des leçons qui étaient de leur compétence et, avec leur mère, de la direction de ce grand ménage. Aucun travail, aucune fatigue ne leur coûtait, quand il s'agissait des progrès des élèves de leur père et de la prospérité de son école de prédilection. Enfin des instituteurs de confiance, en particulier ce Job Motéané, que nous avons vu à l'école centrale provisoire que M. Mabille avait fondée après la guerre de 1865-1869, et qui fut, pendant de longues années, l'homme de confiance et le bras droit de son père spirituel, complétaient le corps enseignant et avaient la surveillance générale de l'établissement.

Les résultats des études d'un bibliquain, c'était surtout dans son activité pratique qu'il fallait les chercher. Nous avons nous-mêmes passablement travaillé à l'école biblique et nous avons, pendant des années, assisté et pris une part active aux examens de fin d'année. Nous croyons donc pouvoir parler en connaissance de cause. Il faudrait bien se garder de croire que ces futurs évangélistes possédassent, même de la Bible, des connaissances *très* approfondies. Essayer de les comparer à des étudiants d'écoles de ce genre

en Europe serait une grosse erreur et une injustice. Il ne faut même pas parler d'études théologiques : quand nous employons des mots comme
l'exégèse ou la dogmatique, c'est pour désigner
la matière des enseignements qu'ils reçoivent, et
non pour les assimiler en quoi que ce soit aux
élèves catéchètes d'Alexandrie ou de l'Institut
de Sainte-Philomène, du regretté pasteur Pilatte.
Les études des élèves de l'école biblique de
Morija étaient celles que peuvent faire des noirs
ayant commencé sur le tard à désirer s'instruire
et n'ayant ni la souplesse d'esprit, ni les connaissances préliminaires nécessaires pour pénétrer
un peu loin dans le domaine de la théologie. Et
jamais M. Mabille n'eut d'autre prétention que
celle de se servir des matières premières, telles
que les lui fournissait le pays, et d'en tirer le
meilleur parti possible pour subvenir aux besoins
actuels de l'œuvre des missions.

Ce que les élèves gagnaient peut-être de meilleur à son école, c'était « l'esprit de la maison »,
qui était celui de M. Mabille. Sa personnalité
forte, son exemple, sa piété, son zèle ardent pour
le service de Dieu, étaient autant de leçons — de
leçons de choses, dirons-nous — qui faisaient
une forte impression sur les gens qui vivaient en
rapport constants avec lui. Ses élèves, qui l'ai-

maient et l'admiraient, qui voyaient en lui un
père et un maître, qui assistaient à tous ses
cultes et aux séances de son consistoire, avaient
sans cesse sous les yeux, en lui, le modèle du
vrai missionnaire, l'image parlante et agissante
de ce que doit être un bon et fidèle serviteur de
Dieu. Cet enseignement éloquent, qu'il leur donnait sans le vouloir et peut-être sans s'en rendre
compte, valait à lui seul les meilleures leçons
qu'il aurait pu leur administrer.

Au reste, il ne se faisait pas faute de leur inculquer, avec sa persistance et son énergie habituelles, cette leçon unique, qu'un élève de l'école
biblique doit faire honneur à cette école et travailler pour Dieu. Il fallait assister à la soirée
d'adieux par laquelle se clôturait chaque année
scolaire. M^me Mabille avait, pour cette solennité,
préparé pour sa grande famille adoptive un repas
plus substantiel, qui était rapidement enlevé par
ces hommes robustes, joyeux de voir, pour une
fois, le menu de leurs simples soupers changé,
et y allant avec tout l'appétit de ces puissants
estomacs africains. Puis venaient les discours.
Les élèves qui allaient quitter l'école se levaient
l'un après l'autre pour remercier ceux qui leur
avaient donné le pain de l'esprit et celles qui

leur avaient donné celui du corps. Ils parlaient
de leur passé, ils parlaient de leur avenir. L'un
resterait au Lessouto un autre se destinait à la
mission du Zambèze ; tel autre avait déjà, au
Transvaal, un poste qui n'attendait que son arrivée pour être fondé... M. Mabille se levait alors,
dans son costume de travail, en veston, sans appa-
rat, familier, paternel. Il ne faisait pas de discours, il causait ; il causait sérieusement et avec
une émotion contenue. Il leur montrait leurs
devoirs et leurs responsabilités ; il confiait à leur
garde le nom de l'école biblique et son honneur,
leur rappelant avec tristesse ceux qui l'avaient
compromis par leur mauvaise conduite ou en ne
devenant pas évangélistes, et les conjurant de se
consacrer tous et pour toute leur vie à prêcher
l'Evangile. C'était simple, c'était impressif. Et
on regardait avec admiration et amour cet homme
fort qui, en se vouant tout entier au service de
Dieu, avait encore le privilège d'envoyer dans le
monde des hommes portant son empreinte,
imbus de son esprit, armés par lui pour la sainte
guerre, et accompagnés de ses prières et de sa
bénédiction...

Le lendemain, c'était la dispersion. Ils partaient avec leur gros paquet de livres et de
cahiers, avec leur petit bagage de connaissances

religieuses et autres, tous, à ce moment du moins, et pour autant que le cœur humain peut être connu et se connaître, animés du désir de faire un travail humble et fidèle dans la vigne du Seigneur, — instruments imparfaits sans doute, mais suffisants pour les besoins du moment, et capables d'occuper une place honorable à côté de nos anciens catéchistes. Car ces derniers sans avoir passé par aucune école, enlevés à la charrue pour devenir évangélistes, pourvus de leur bonne volonté seule et de leur piété, n'en sont pas moins de bons et utiles travailleurs dans leur simplicité. Ces vieux soldats ont plus de résistance que les jeunes recrues à la sortie de leurs classes préparatoires. Ils n'ont pas appris la théorie, mais ils ont fait le coup de feu et gagné leurs chevrons sur le champ de bataille. Ce serait une injustice de parler des bibliquains et de les louer sans rendre hommage à leurs anciens, dont ils ont du reste beaucoup de leçons à apprendre, et des meilleures.

# CHAPITRE XVI

## LE PASTORAT INDIGÈNE

L'école biblique, c'était le recrutement des évangélistes assuré ; ce n'était pas celui des pasteurs indigènes. Or, M. Mabille avait, dès les tout premiers temps de son arrivée au Lessouto, émis l'idée de voir des chrétiens bassoutos recevoir la consécration et être investis des fonctions pastorales. Ses collègues partageaient sur ce point sa manière de voir. Ils croyaient qu'un jour ou l'autre les églises du Lessouto devraient être placés sous la direction de conducteurs tirés de leur sein. La question difficile était de savoir dans quelles conditions et à quel moment ce nouveau et délicat rouage devrait être introduit dans l'organisme déjà existant. « Tout de suite », avait d'abord dit M. Mabille, toujours prompt à agir et peu enclin à temporiser. S'il n'y avait pas de raisons majeures pour déclarer que le moment de l'institution du pastorat indigène était venu, il n'y en avait pas davantage pour retarder beaucoup cette innovation. Il fallait donc se mettre à l'œuvre et agir. C'est ainsi qu'en plaçant Esaia Lééti comme évangéliste à Kolo, M. Mabille se figurait qu'après un ou deux ans d'épreuve, cet homme pourrait être consacré. Il faut croire que ses vues se modifièrent sensiblement dès cette époque, car il ne parla plus de confier les fonctions pastorales à Esaia, mais de fonder une école destinée à préparer des évangélistes et des pasteurs indigènes.

Plus tard, en 1874, il envoya à l'école de Lovedale (colonie du Cap), appartenant à la mission presbytérienne d'Ecosse, deux des meilleurs jeunes gens de Morija, pour leur faire faire des études complètes et ensuite leur donner la consécration. Mais il les destinait à une mission dont il espérait provoquer la fondation au delà du fleuve Limpopo, qui fait la limite entre le Transvaal et les pays appartenant actuellement à la Compagnie à charte du Sud de l'Afrique. L'un d'eux a, depuis lors, mal tourné. L'autre est ce Job Motéané, dont nous avons déjà mentionné le nom, et qui, après son retour de Lovedale, a longtemps travaillé à l'école préparatoire et à l'école biblique, a ensuite fait à l'école pastorale du Lessouto des études théologiques régulières

et est actuellement, comme pasteur consacré, à
la tête d'une œuvre d'évangélisation dans les
montagnes.

La question du pastorat indigène restait cependant à l'ordre du jour de la Conférence. Rapports sur rapports se succédaient, les vues les
plus diverses se produisaient, plusieurs systèmes
se trouvaient en présence, sans que les missionnaires arrivassent à une unité de vues complète
et à des décisions fermes et satisfaisantes.

M. Mabille lui-même était hésitant et ses opinions étaient sujettes aux mêmes fluctuations que
celles de ses collègues. Après avoir eu et
défendu l'idée d'accorder la consécration à quelques évangélistes choisis parmi les meilleurs, il
avait prévu des difficultés qui ne l'avaient pas
tout d'abord frappé. Accorder la consécration
aux uns et pas aux autres, ce serait, lui avions-
nous dit, susciter dans notre corps d'évangélistes
des récriminations et des jalousies dangereuses.
Les moins qualifiés pour les fonctions de pasteurs, les moins dignes de la consécration, seraient
probablement les plus âpres dans leurs récla-
mations. En définitive, nous aurions quelques
pasteurs indigènes médiocres et beaucoup d'évangélistes mécontents pour contester leur auto-

rité et miner leur influence. Ce serait un état de choses plein de périls, qui diviserait l'Eglise et provoquerait des contestations sans fin. Il reconnaissait la portée de cette remarque et cherchait une autre combinaison.

La Conférence ne voulait pas non plus avoir des pasteurs indigènes au rabais ; elle redoutait d' «imposer les mains avec précipitation ». Les expériences faites par d'autres sociétés, voisines et amies de la nôtre, lui montraient que la consécration de simples évangélistes avait de très fâcheuses conséquences pour eux-mêmes et pour les églises, et que la piété seule n'était pas un titre suffisant pour l'admission au pastorat de chrétiens excellents, mais dénués de toute instruction spéciale et incapables d'administrer une église.

Avoir des pasteurs ayant fait des études théologiques complètes, telles qu'on en exige des pasteurs français, c'était tout aussi impossible. Nos jeunes chrétiens, même les meilleurs, ne sont pas encore en état d'aborder l'étude si compliquée et si abstruse de la vraie théologie, celle du grec, du latin et de l'hébreu, celle de la dogmatique, voire même celle de l'histoire ecclésiastique. Le jeune David ne pouvait combattre à l'aise sous la lourde armure du roi Saül.

Sans vouloir en rien déprécier nos chrétiens bassoutos, l'on sentait qu'il fallait, pour leur pays, un corps pastoral approprié aux capacités des Bassoutos et aux besoins des église telles qu'elles étaient. Et M. Mabille exprimait très justement cette opinion en 1874 : « Il nous faut ce qu'ont déjà plusieurs sociétés, un ministère natif, inférieur pour quelques années au nôtre, en fait de connaissances et d'études, mais au-dessus de la moyenne des catéchistes que nous employons... »

En définitive, l'expérience seule pouvait mettre les missionnaires au clair sur une question qui présentait tant de difficultés et de contradictions. Au lieu de chercher à faire le pastorat indigène, il fallait lui donner l'occasion de se faire lui-même. Là était la solution pratique du problème.

Pendant le séjour qu'il fit en France de 1880 à 1882, M. Mabille se mit à la recherche d'un homme qui voulût bien venir au Lessouto pour y ouvrir une école pastorale. Il rencontra M. F.-H. Kruger, il lui adressa un appel, il le persuada et le ramena au Lessouto. L'école pastorale était sortie du domaine des utopies et des théories pour passer dans celui de la réalité. On entrait

JOB MOTÉANÉ

(Dessin de M. F. Christol, d'après une photographie)

dans la phase des expériences, plus utile et
moins décourageante que celle des rapports et
des discussions. Nos lecteurs connaissent la suite
de l'histoire. Au bout d'une année et demie de
travail qui promettait de bon résultats, M. Kruger fut forcé par l'état de sa santé de retourner
en Europe, et l'école fut fermée. M. E. Jacottet
la rouvrit, pour bientôt l'abandonner et occuper
le poste de Thaba Bossiou, où il fallait immédiatement placer un missionnaire. En 1887, un
troisième professeur fit un nouvel essai. Les trois
élèves firent consciencieusement trois années
d'études, puis, après un stage de deux années,
furent consacrés et placés comme pasteurs. L'un
d'eux était ce Job Motéané que M. Mabille avait,
en 1874, destiné au pastorat et qu'il eut la joie
de consacrer à ce ministère en 1892. En 1893
entrait à l'école pastorale une nouvelle volée de
cinq étudiants, qui ont fini leurs études régulières et sont en ce moment en suffragance.

En principe, le problème du pastorat indigène
est donc résolu ; mais l'exécution soulève des
difficultés qui seront surmontées peu à peu.
Nous avons des pasteurs bassoutos, soigneusement préparés en vue du ministère et tels que
M. Mabille les avait souhaités en 1874. Quant
aux questions secondaires, relatives à leurs attri-

butions par rapport à la Conférence et au Synode, elles sont encore en suspens, et nous ne nous hâtons pas de les régler. Nous avons été amenés à croire qu'en nous laissant guider par les événements et par les signes des temps, nous agirions plus sagement qu'en voulant dès l'abord tout organiser et tout prévoir. L'essentiel est d'avoir un bon commencement. Pour le reste, quand l'esprit d'un corps ecclésiastique est bon, on peut dire de ses nouvelles institutions qu'elles se feront d'elles-mêmes. *Fara da se.* Ou mieux encore nous devons croire que « le chef de l'Eglise » saura acheminer vers son développement parfait une œuvre que ses ouvriers veulent continuer sous la direction de son esprit et sur le fondement de Jésus-Christ et de ses apôtres.

## CHAPITRE XVII

## LA MISSION EXTÉRIEURE

M. Mabille était de ces chrétiens qui attendent
prochainement le retour de Jésus-Christ, en
épient les symptômes avant-coureurs et s'efforcent d'en hâter les temps en « préparant les voies
du Seigneur et en aplanissant ses sentiers ». Il
suivait de près et avec une fervente attention le
mouvement missionnaire dans le monde entier.
Il lisait régulièrement plusieurs journaux et
revues de missions, anglais, français et allemands,
y cherchant à la fois des exemples à suivre pour
sa propre activité et des renseignements sur les
progrès du règne de Dieu sur la terre, en particulier en pays païens.

Tout ce qui touchait au peuple juif lui tenait
fortement à cœur ; car il attendait avec impa-
tience le jour où Israël reconnaîtrait en Jésus son
Messie et son Roi. Après cet événement devait
se produire dans la masse des païens un mouve-

ment général vers Dieu, puis Jésus reviendrait sur la terre pour y régner mille ans. Les immigrations des Juifs en Palestine, les travaux de Rabinovitch en Bessarabie, remplissaient son cœur des plus hautes espérances. Un jour il commençait une de ses réunions de prières par ces mots empruntés au livre des Proverbes : « Comme de l'eau fraîche pour une personne fatiguée, ainsi est une bonne nouvelle venant d'un pays éloigné. » Nous croyions qu'il allait nous annoncer qu'un réveil s'était produit dans quelque partie de sa paroisse. Non ! Il venait de lire dans les journaux l'œuvre que faisait à New-York le rabbin Warszawiak, les milliers de Juifs qui se réunissaient pour l'entendre parler de Jésus, le vrai Messie, et la fondation d'une grande communauté judéo-chrétienne résultant de ce mouvement extraordinaire. Il en parlait avec joie, et déjà son esprit allait aux extrêmes et prévoyait comme très prochaines l'adhésion d'Israël à l'Evangile et l'arrivée des derniers temps annoncés par l'Apocalypse.

Mais si sa pensée religieuse se préoccupait du développement général du règne de Dieu dans le monde entier, il en concentrait pourtant les principales énergies sur l'Afrique et surtout sur les régions situées au sud du Zambèze. Aux millions de Chinois qu'il avait en quelque sorte adoptés dans les premiers temps de sa vocation missionnaire, il avait, sans les oublier pourtant, substitué les millions d'Africains dans le contact desquels Dieu l'avait placé et qui étaient plus à sa portée. Il les aimait d'un amour pratique et agissant ; il voulait contribuer à leur salut ; et s'il priait beaucoup pour eux, il voulait tout autant travailler pour leur bonheur actuel et à venir.

Nous avons dit plus haut le désir qu'il avait de voir les églises du Lessouto fonder une mission dans l'intérieur de l'Afrique méridionale. Il songeait en particulier aux Makololos du Haut-Zambèze, auxquels les chrétiens bassoutos auraient pu, le jour même de leur arrivée, annoncer l'Evangile dans une langue connue et comprise d'eux, et qui eussent pu d'emblée se servir des livres religieux et scolaires du Lessouto.

C'est pourtant vers le nord-est du Tranvaal que devaient être dirigés ses premiers efforts.

Nous avons déjà parlé des Bapédis, que les missionnaires du Lessouto connaissaient, et de la conviction à laquelle M. Mabille était arrivé, que leur pays était un champ de travail tout trouvé pour les églises du Lessouto. L'arrivée parmi nous de deux couples missionnaires, venus du canton de Vaud avec la pensée de chercher au sud de l'Afrique un peuple qui pût être évangélisé par les églises de la Suisse romande, dirigea davantage encore son attention vers les pays avoisinant le Transvaal. MM. E. Creux et P. Berthoud devaient prendre des renseignements sur les besoins de ces peuplades encore privées de missionnaires, et rien ne pouvait les y aider comme un voyage d'exploration dans le nord et l'est de la République sud-africaine. C'était pour M. Mabille une occasion unique de réaliser un de ses vœux les plus chers et de chercher un débouché pour les églises du Lessouto, tout en aidant ses jeunes compatriotes à en trouver un pour leur propre société. Au reste, sa santé et celle de M<sup>me</sup> Mabille, fortement ébranlées par des travaux successifs, rendaient nécessaire un temps de relâche et de repos relatif. Et la Conférence, « sachant combien la question d'une mission à fonder lui tenait à cœur », le chargea volontiers d'accompagner M. Berthoud et de visiter avec lui les populations du pays des Bapédis et des environs.

L'expédition quitta Morija le 23 mai 1873 ; elle comptait seize personnes, parmi lesquelles trois évangélistes, que M. Mabille se proposait de placer là où l'occasion lui en serait offerte. Donc, avant de partir de sa station, il était tellement décidé à commencer une œuvre nouvelle, il doutait si peu d'y réussir, qu'il enrôlait déjà et emmenait avec lui trois hommes de bonne volonté qu'il pût employer aux premiers travaux de défrichement. On traversa l'Etat libre de l'Orange, on passa le fleuve Vaal, on toucha barre à Prétoria, la capitale du Transvaal ; on entra en relations avec les missionnaires berlinois qui, après avoir commencé une mission chez les Bapédis et y avoir remporté de vrai succès, avaient été chassés de ce pays par le roi Sekoukouni et le parti païen. Nos voyageurs furent à leur tour les victimes de la défiance de ce redoutable potentat, qui refusa même de leur accorder l'entrevue qu'ils lui demandaient et de recevoir leurs salutations. C'était du reste ce chef seulement et ses principaux conseillers qui manifestaient cette hostilité à l'égard des missionnaires. Parmi le commun peuple, l'accueil fait à nos missionnaires était au contraire empressé et sympathique. On venait volontiers à leurs campements pour assister aux cultes quotidiens et à ceux du dimanche, qui se faisaient auprès de leurs chariots de voyage ; on acceptait avec reconnaissance les abécédaires que M. Mabille distribuait à ceux qui en désiraient. Dieu avait là des adorateurs secrets et des âmes qui ne demandaient qu'à s'ouvrir à ces messages de délivrance. Parmi les Bapédis comme ailleurs, on constatait ce fait, presque général, que les noirs, en tant qu'individus, accepteraient volontiers le christianisme, mais que leurs rois n'en veulent pas entendre parler. Ce ne sont pas les seuls Pharisiens qui « ferment aux hommes le royaume des cieux, n'y entrant pas eux-mêmes et n'y laissant pas entrer ceux qui veulent entrer ».

Chassés du pays des Bapédis, les explorateurs remontèrent vers le nord et s'arrêtèrent dans les monts Zoutpansberg, où ils firent la connaissance d'un missionnaire de l'église hollandaise du Cap, M. Hofmeyer, homme d'un dévouement héroïque et dont les conseils furent de la plus grande utilité à nos voyageurs. Il y avait près de là une station abandonnée, que l'on pouvait acheter pour 750 fr. « Un missionnaire dévoué, écrivait M. Mabille, ayant à ses ordres un corps de catéchistes et des maîtres d'école, y aurait bientôt établi un réseau complet d'annexes et d'écoles... Voilà un champ tout trouvé. A défaut d'un missionnaire européen, je voudrais que notre Confé-

rence y envoyât deux de nos meilleurs évangélistes, ministres consacrés, si possible. De là
encore, on visita la région des Spélonken, habi-
tée en partie par les Gwambas. On y acheta une
ferme, on y laissa deux évangélistes, Asser et
Eliakim, pour y commencer une œuvre missionnaire et avec ordre de faire d'abord des voyages
d'évangélisation parmi les tribus voisines, puis
de traverser le Limpopo et de visiter la grande
tribu des Banyaïs.

Le voyage d'exploration pouvait, dans l'opinion de M. Mabille, ouvrir à la mission romande
le pays des Gwambas, à la mission du Lessouto
celui des Banyaïs. Il voyait dans l'entreprise de
ces nouvelles œuvres une source de vie spirituelle pour les chrétiens de France et du Lessouto. Et il n'avait qu'un regret, celui de n'être
pas libre de s'y jeter à corps perdu le tout premier. Mais il avait solennellement promis à ses
collègues de revenir au Lessouto et il y revint,
après une absence de six mois. Le premier objet
de ce voyage d'exploration était atteint. En 1875,
MM. Creux et Berthoud et leurs familles quittaient le Lessouto avec des évangélistes bassoutos et allaient s'établir aux Spélonken dans la
région sur laquelle ils avaient, avec M. Mabille,
jeté leur dévolu.

16.

En ce qui concerne l'œuvre désirée pour les églises du Lessouto, on était encore loin d'avoir touché le but et des événements fort imprévus devaient encore se passer.

En 1874, Asser avec un Mopéli nommé Jonathan, autrefois converti à Léribé, explora le pays des Banyaïs et en revint, non avec le cep de vigne des espions d'Israël indiquant un pays où coulent le lait et le miel, mais avec un rapport parlant d'une région d'un accès difficile et inhospitalière, où vivait un peuple plongé dans le paganisme le plus épais et pourtant désireux de recevoir les missionnaires et leur enseignement. « Ah ! écrivait M. Mabille, après avoir pris connaissance de ces renseignements, quand je pense à ces champs de travail qui s'ouvrent les uns après les autres, quand je pense qu'il y a, pour ainsi dire, des ouvriers prêts, mais que notre Société manque de fonds et crie au déficit, je me demande ce qu'on pourrait faire. Pour cette mission du Nord, je pourrais avoir plusieurs catéchistes anglais, surtout de l'établissement de M<sup>lle</sup> Mac Pherson à Londres. Une partie des ressources pécuniaires serait assurée, mais qui les conduira ? qui leur servira de guide ? Oh ! que je voudrais être libre et pouvoir agir selon les circonstances telles que le Seigneur les dispose lui-même ! Mais j'ai pleine confiance en Lui. Mon cœur brûle d'aller là-bas ; ma femme est une avec moi en cela. Mais mes frères et collègues ne veulent pas entendre parler de nous laisser partir. Nous demandons au Seigneur de décider la chose pour nous... Le Seigneur veut que son Evangile soit prêché par toute la terre : le temps fixé pour l'évangélisation des Banyaïs, des Mashona et de tant d'autres tribus de l'intérieur, viendra et il est peut-être plus près que nous le croyons. »

Dès ce moment, M. Mabille inscrivait sur une liste des sujets de prière qui lui tenaient le plus à cœur la demande qu'un missionnaire offrit ses services pour conduire au pays des Banyaïs des évangélistes bassoutos. Quatre de ces derniers, et des meilleurs, tous recrutés dans la paroisse de Morija, étaient prêts à partir. Le Synode des églises du Lessouto avait accepté d'enthousiasme la tâche d'ouvrir le pays des Banyaïs à l'Evangile, et fourni des fonds assez considérables pour défrayer les dépenses d'une première expédition.

Le missionnaire désiré et demandé se trouva. La caravane se mit en route en avril 1876. On sait comme quoi elle fut arrêtée par le gouvernement du Transvaal et obligée par lui de rebrousser chemin et de rentrer au Lessouto comme des éclaireurs en déroute. Ce retour fut pour M. Mabille une amère déception. Il eût fallu, disait-il, hiverner quelque part dans l'Etat libre de l'Orange, marcher vers l'ouest, remonter vers le pays des Matébélés et de là, pénétrer dans celui des Banyaïs. Tout plutôt que cette retraite qui pouvait décourager les églises du Lessouto et étouffer dans son germe leur première tentative de mission extérieure.

Au surplus, un premier échec ne pouvait être pour un homme comme lui une défaite définitive ; on devait, on pouvait encore réussir. M. Coillard donna à entendre aux missionnaires que, s'ils lui adressaient un appel à cet effet, il irait volontiers réparer les désastres de l'année précédente. Cet appel lui fut donc adressé par la Conférence, et il partit. On connaît les péripéties de son voyage : le Transvaal ouvert par l'occupation temporaire de l'Angleterre ; les Banyaïs visités ; les Matébélés, leurs suzerains, enlevant nos missionnaires et les emmenant devant leur terrible roi Lo-Bengoula comme prisonniers ; puis M. Coillard remontant vers le Zambèze, visitant les Barotsis, c'est-à-dire ces mêmes Makololos dont M. Mabille s'était préoccupé si longtemps auparavant, et revenant avec la proposition que les églises de langue française, d'accord avec celles du Lessouto, fondent une nouvelle mission sur la rive gauche du Zambèze. MM. Mabille et Coillard vont ensuite ensemble en Europe (1880) et y plaident avec la chaleur de toute leur conviction la cause de cette nouvelle et difficile entreprise. Leur zèle, leur insistance, leur parole persuasive, triomphent de toutes les résistances et rassurent toutes les timidités. Leurs propositions sont acceptées, la mission du Zambèze est fondée par MM. Coillard et Jeanmairet, et prend, dans les cœurs des amis du règne de Dieu, une place toujours plus grande et toujours plus chaude. Etranges péripéties d'une idée solitaire et datant de loin ! Retour étonnant à un peuple auquel on avait songé tout d'abord et vers lequel on avait été ramené par une succession d'échecs et de déceptions dont on ignorait le pourquoi et les résultats à venir !

M. Mabille avait été l'initiateur et l'inspirateur de toute l'entreprise depuis ses plus petits commencements. Au moment où la question du manque d'argent était le seul obstacle à la réalisation de ses vœux. il avait fait une démarche audacieuse : après avoir beaucoup prié, il avait écrit à un chrétien anglais, dont il ne connaissait que le nom et les bonnes œuvres, pour lui deman-

der la somme nécessaire pour la mise en train
de la mission du Zambèze... Quelques mois plus
tard, nous le voyions tout rayonnant de joie et
agitant une lettre en criant : « La mission du
Zambèze est fondée ! » Cette lettre était la
réponse du généreux inconnu, accompagnée d'un
don de vingt-cinq mille francs.

Cet intérêt qu'il avait témoigné pour la fondation d'une mission extérieure, il ne s'en départit
pas un seul jour, et il resta fidèle à ses anciennes
amours. Les Bapédis, il s'occupait d'eux, correspondant avec les missionnaires qui y avaient
enfin trouvé accès, et avec leurs évangélistes,
dont plusieurs avaient été ses élèves. Les Banyaïs
— un cas en apparence désespéré, — il les avait
aimés, il a voulu leur salut, ils avaient pris racine
dans son large cœur. Pendant de longues années
il demanda à Dieu de leur procurer des missionnaires et il plaida leur cause auprès des églises
qui semblaient pourvoir se charger de leur évangélisation. Et finalement il eut la joie de voir
l'Eglise hollandaise du sud de l'Afrique placer
parmi eux quelques évangélistes, dont l'un au
moins avait été formé à Morija par lui-même.

Quant à la mission du Zambèze, rien ne coûtait à M. Mabille pour contribuer à sa prospérité.
S'agissait-il d'encourager ceux qui y travaillaient?

Sa plume toujours active était à leur service et ses lettres, pleines de sympathies, d'exhortations, de conseils et de nouvelles, leur apportait les effusions de son cœur toujours ardent et des paroles de foi. Fallait-il envoyer des renforts chez les Barotsis ? C'est lui qui, au Lessouto se faisait l'agent et l'avocat de ses collègues de l'intérieur, qui cherchait des hommes de bonne volonté, et prêchait à ses élèves de l'Ecole biblique les beautés du renoncement et leurs devoirs envers les païens du Zambèze. Quand de jeunes missionnaires, récemment arrivés d'Europe, devaient partir pour l'intérieur avec un nouveau renfort de catéchistes, quand il fallait envoyer là-haut des approvisionnements ou organiser de loin une expédition, c'était encore lui qui se chargeait de tout, malgré l'énorme surcroît de travail qui en résultait pour lui, qui en avait déjà trop.

Son dernier voyage, ce fut encore pour le bien de la mission du Zambèze qu'il l'entreprit. Il accompagna, avec M<sup>me</sup> Mabille, au commencement de 1894, une expédition composée de M. et M<sup>me</sup> E. Béguin, M<sup>lle</sup> L. Keck, et trois évangélistes bassoutos avec leurs femmes, pour subvenir à leur manque d'expérience en matière de voyages africains, pour organiser leurs approvisionnements, leurs moyens de transport et tous ces mille détails qui rendent ces départs si lents et si difficiles. Il les accompagna jusqu'à Vryburg (Bechuanaland), il fit tout ce qu'il fallait et tout ce qu'il put pour les expédier plus loin dans les conditions les meilleures, et non sans leur avoir communiqué quelque chose de ce courage et de cette foi dont il était lui-même rempli.

Enfin sur son lit de mort, quelques mois après son retour de Vryburg, alors que son esprit, se dégageant peu à peu des choses visibles, vivait déjà beaucoup dans les choses invisibles et dans l'avenir, ceux qui le soignaient le virent tout à coup battre des mains, et l'entendirent crier joyeusement : « Bravo ! Bravo ! ils arrivent ! » — Qui arrive ? lui demandait-on. — Il répondit : « Ceux qui sont allés au Zambèze. » Il devançait ainsi de quelques semaines un fait déjà prochain, il aimait jusqu'à la fin ceux qu'il avait aimés depuis le commencement. Ce cœur vaillant et généreux battit jusqu'à sa dernière heure pour les païens de l'intérieur et pour leurs missionnaires, et la mission du Zambèze, dont il fut le véritable père, eut le privilège de lui procurer, au seuil même de l'agonie, un moment de joie pure et sainte.

# CHAPITRE XVIII

## L'HOMME

———

Quel était donc cet homme, dont nous avons esquissé à grands traits les travaux ? Quel était le secret de sa puissance ? Quelles étaient les principales lignes de son caractère ? Nous voudrions essayer de répondre à ces questions, que chacun de nos lecteurs, frappé d'étonnement et d'admiration devant une si belle activité, n'a pas manqué de se poser. Mais nous ne nous dissimulons pas les difficultés de la tâche que nous entreprenons.

Analyser un caractère, c'est nécessairement le défigurer. Pour y réussir, il faut en détruire l'unité, supprimer la vie, qui fond ensemble et harmonise les éléments si divers qui constituent une personnalité. Il faudrait soigneusement noter et classer qualités et défauts, de peur de tomber dans le panégyrique, et d'enlever, par cela même, au travail que l'on fait ce caractère de sincérité qui seul peut lui donner créance auprès du public.

En commençant cette étude, nous avions l'intention d'entreprendre ce travail, qui nous semblait nécessaire. Maintenant, nous nous récusons. La vraie image d'un homme, c'est sa vie elle-même. A cet égard, nous croyons que les pages qui précèdent, présentent de M. Mabille un portrait assez ressemblant. Quant aux défauts qu'il faudrait noter, nous dirons simplement ceci : le soleil nous éclaire de sa lumière et nous réchauffe par sa chaleur ; nous jouissons de l'une et de l'autre, et nous en vivons, sans nous croire obligés de compter et de mesurer les taches que les savants discernent dans son disque lumineux. Rechercher, sous prétexte de fidélité et d'exactitude, les petits défauts d'un homme qui fut si grand, ce serait, croyons-nous, une préoccupation mesquine et un labeur stérile. Tout le monde sait que les plus belles qualités d'un homme, quand elles sont poussées à l'excès, peuvent quelquefois avoir quelque chose de défectueux. M. Mabille, comme d'autres, avait, à certains égards, les défauts de ses qualités, et aussi, oserons-nous ajouter, les qualités de quelques-uns de ses défauts. C'est tout ce que nous voulons en dire. Car nous ne prétendons pas faire ici œuvre de psychologue. Nous voulons raconter ce que nous avons vu et indiquer certains traits

de son caractère qui nous ont plus particulièrement frappés.

Aussi bien, M. Mabille n'était pas facile à connaître. Il était, a dit un homme qui le comprenait
très bien, « un silencieux ». Il ne parlait pas
beaucoup de lui-même. Il n'exposait pas abondamment des programmes, il ne disait même pas
assez ses vues et ses principes sur la mission. Il
croyait à la propagande par le fait, plus qu'à la
propagande par la parole. Il savait que, pour persuader les gens, aucun argument n'est plus éloquent que le fait accompli. Et puis, il était d'un
abord plutôt difficile. On craignait de lui faire
perdre sans nécessité absolue quelques-uns de
ces moments dont il était si économe. Et son
apparence même n'invitait pas aux longues cau-
series et aux effusions du cœur. On ne trouvait
pas chez lui la poignée de main affectueuse et le
regard accueillant qui encouragent l'amitié. C'était
un homme grave et très sérieux, que l'on n'abor-
dait pas sans quelque timidité. Et les Bassoutos,
qui pourtant l'aimaient, l'admiraient et avaient
en lui la plus grande confiance, disaient qu'il le
craignaient, ce qui indiquait évidemment qu'il les
intimidait. Au fond, il y avait chez cet homme
fort et courageux une réelle timidité, que l'on

prenait facilement pour de la froideur. La fatigue continuelle dans laquelle il vivait jetait comme un voile de tristesse sur son visage — tristesse toute physique, dirons-nous, car, s'il n'était pas un homme gai (ne confondons pas gaîté et joie, comme on le fait dans certains cercles de chrétiens) — il était un de ceux qui possèdent la paix et la joie chrétiennes, jaillissant, comme des eaux vives, de l'assurance de leur salut.

En dépit des apparences, M. Mabille avait un cœur très affectueux. Il lui fallait se sentir aimé, et aimer, sans qu'il en éprouvât le besoin des déclarations d'amour et des démonstrations amicales. Il s'est bien dépeint lui-même dans une lettre adressée à l'aînée de ses filles : « Si j'ai passé si peu de temps avec vous, c'est que le devoir doit passer avant le plaisir... En tout cas, ne me croyez pas indifférent : ni toi, ni tes frères et sœurs, ne peuvent mesurer la grandeur de l'amour que je vous porte ; tu sais que je ne montre pas beaucoup au dehors ce que je ressens ; mais cela n'empêche que mon cœur soit très tendre pour tout ce qui vous concerne, et si vous pouviez y lire, vous seriez peut-être étonnés de ce qui s'y trouve pour vous... »

C'était, en effet, dans sa vie de famille qu'il

cherchait les rares moments de détente qu'il s'accordait. Il était, pour sa femme et ses enfants, un vrai pasteur ; il jouissait aussi de leur société, de leurs soins, de leur collaboration et de leur amour, avec un abandon et une tendresse qui épanouissaient son austère visage et dilataient son cœur. Les soirées du dimanche étaient pour la famille Mabille des heures de douce intimité. La ruche toujours agitée qu'était la maison pendant toute la semaine, se faisait paisible et reposée. On n'y entendait plus que le chant des cantiques préférés, les conversations enjouées, la lecture d'un auteur favori. Il semblait alors avoir déposé et oublié le lourd fardeau qui pesait sur ses épaules ; les attentions et le dévouement que seules peuvent inspirer les affections féminines les plus complètes, étaient une source de jeunesse où il venait prendre des forces nouvelles pour les travaux du lendemain...

Dans ses rapports avec ses collègues, nous retrouvons les même traits que nous venons de signaler. Là aussi, les sentiments semblaient relégués au second plan, le missionnaire était plus apparent que l'homme ; le collègue se montrait plus que l'ami. Prier avec un homme et le sentir avec lui-même en communauté d'idées sur les

choses du règne de Dieu, semblait suffire aux
besoins de son amitié. Les démonstrations affec-
tueuses ne lui étaient pas naturelles et il ne pouvait s'en imposer qui fussent artificielles. Une
tape sur l'épaule venant de lui, un pincement
d'oreille, voulaient dire autant que de longues
déclarations venant d'un autre. On en était recon-
naissant et ému jusqu'aux larmes. Il savait
« aimer en actions », il savait peu « aimer en
paroles ».

Au surplus, il était envers ses collègues et
amis, et envers tout le monde, de la plus grande
complaisance, toujours serviable, toujours prêt à
donner conseil ou à rendre service. On pouvait
recourir à lui en toute confiance ; on était sûr
qu'il ferait son possible pour vous obliger ; et
jamais on n'avait longtemps à attendre sa réponse,
car il répondait de suite à toutes les lettres qu'il
recevait, et il en recevait beaucoup. Tout en parlant affaires, il donnait à ses correspondants les
nouvelles du jour, de tout et de tous. Il ressem-
blait, par là, à ces mères de famille, dont les
enfants devenus grands sont dispersés, et qui,
centralisant les nouvelles venues de chacun, les
communiquent à tous, et servent ainsi de trait
d'union à la famille toute entière. Peu après sa
mort, un de ses collègues nous disait avec

regret : « Maintenant que M. Mabille est mort, comment saurons-nous ce qui se passe dans la mission ? »

Et ce qu'il faisait pour les missionnaires du Lessouto, il le faisait pour quiconque recourait à ses bons offices, ou même sans y être sollicité. Beaucoup de missionnaires et pasteurs du sud de l'Afrique lui demandaient des informations et des conseils. Beaucoup de noirs aussi lui confiaient leurs difficultés, lui soumettaient des questions de prudence pastorale qui les embarrassaient, lui envoyaient des textes qu'ils voulaient qu'il leur expliquât, lui racontaient leurs querelles de ménage ou les fautes qui pesaient sur leur conscience, et même les malentendus qui surgissaient entre eux et leurs conducteurs spirituels. On ne frappait pas en vain à la porte de son cœur ; sa grande expérience et son inlassable bonne volonté étaient à la disposition de tout le monde. Il répondait à tous, il les aidait tous. Son influence, sans s'afficher, sans même être connue de beaucoup de gens, s'exerçait au loin par la très grande correspondance qu'il avait. Agir sur les âmes de ses correspondants, contribuer à leur développement religieux, profiter d'une occasion fortuite pour leur dire ou leur écrire une de ces paroles incisives qui touchent les cœurs à salut, était une tâche qu'il avait sans cesse en vue. Il a été, par sa correspondance seule, un vrai foyer de vie religieuse, pour des personnes qu'il n'avait jamais vues comme pour celles qui vivaient en contact avec lui.

# CHAPITRE XIX

## L'HOMME D'ACTION

———

Nous pourrions écrire en tête de ce chapitre ces simples mots, qui contiennent le secret de toute l'activité de M. Mabille : tout donner à Dieu. En effet ce qui caractérisait M. Mabille, ce qui d'emblée frappait tous ceux qui l'approchaient et qui étaient capables de le comprendre, c'était la consécration entière et sans réserve aucune de toutes ses pensées, de toutes ses forces, et de tous ses instants au service de Dieu et de son règne. Il était avant tout un homme d'action, d'initiative féconde et de dévouement absolu. S'il avait toutes les qualités qui font les maîtres, il avait aussi toutes celles qui font les ouvriers, et les bons ouvriers.

Son intelligence était claire et éveillée, toujours sur le qui-vive, soit pour imaginer de nouveaux moyens de servir Dieu, soit pour emprunter à d'autres de nouvelles méthodes en vue de développer, à tous les points de vue, l'œuvre des missions. Ses intuitions étaient promptes et généralement justes ; et il s'assimilait rapidement les idées d'autrui, pour peu qu'elles lui semblassent bonnes.

Toujours du nouveau ! tel était son principe, ou plutôt son tempérament. La routine avait en lui un ennemi convaincu et acharné. Essayons toujours, disait-il souvent ; si ce procédé ne réussit pas, on en cherchera un autre. Il croyait qu'on n'a pas le droit de négliger une seule méthode sans en avoir fait un essai loyal, ou de la condamner avant d'avoir vu les fruits qu'elle pouvait porter. Aussi fut-il un initiateur en toutes choses — le récit qui précède en est la preuve éclatante — et la mission du Lessouto doit à son esprit entreprenant et à sa fertile imagination la plupart des institutions qui font actuellement sa solidité.

A cette intelligence si prompte et si active, M. Mabille ajoutait une volonté non moins énergique. Si sa volonté était sainte, parce qu'elle était tout entière vouée aux choses de Dieu et placée sous l'influence de son Esprit, elle était tout autant saine, c'est-à-dire libre de ces entraves qui paralysent celle des autres hommes, et indemne des maladies qui la débilitent si souvent, en particulier en cette fin de siècle. Nous avons un jour une idée qui nous paraît juste ; nous l'accueillons avec joie, nous l'aimons, car elle est de nature à engendrer de belles actions. Nous l'avons, nous désirons positivement la réaliser dans la pratique. Mais nous n'y parvenons pas. Chez nous, le désir ne peut pas devenir volonté et action. Nous souffrons de ne pas pouvoir vouloir ; notre propre idée devient un rocher que nous ne parvenons pas à déplacer. Elle finit par prendre place parmi ces nombreuses bonnes intentions que nous eûmes un jour, que nous caressâmes longtemps, mais que nous n'avons jamais pu transformer en résolutions fermes et en volontés créatrices.

Voilà une maladie que M. Mabille n'a jamais connue. Sa volonté n'en était pas atteinte ; elle était forte et tenace. Elle allait, disait-il, jusqu'à l'entêtement. quand c'était nécessaire. Quand des obstacles et des objections s'élevaient pour contrecarrer des desseins qu'ils croyait justes, il les culbutait d'une poussée, ou il s'acharnait contre eux jusqu'à ce qu'il en eût raison. Une bonne idée chez lui ne traversait pas un long stage d'incubation : elle ne restait pas longtemps à l'état de désir. Car, à ses yeux, elle était une inspiration d'En-Haut et un ordre de Dieu. Il s'en emparait comme d'une proie, et elle le saisissait tout entier. Ne pas en faire usage eût été, devant le tribunal de sa conscience, stigmatisé du nom de péché. Sa résolution d'obéir à l'appel divin coïncidait avec l'arrivée des ordres qu'il recevait. Il avait la faculté de vouloir, à un degré très élevé, et il savait s'en servir.

Pour agir, il n'attendait pas que ses plans fussent minutieusement élaborés et qu'il eût préalablement prévu et organisé tous les développements de l'idée qu'il avait reçue. Chez lui, le besoin de la perfection ne tuait pas l'action. Tel sculpteur, ayant conçu l'idée d'une statue, la gardera en son esprit pour la perfectionner et la rapprocher de l'idéal de ses rêves, obsédé sans cesse par un désir passionné d'atteindre la perfection. Il ne veut pas en entreprendre la création avant de posséder à la fois la vision complète de tous les détails du chef-d'œuvre à produire et le marbre immaculé dont il le fera surgir. Et finalement la statue rêvée n'a existé que dans son cerveau ; pour avoir voulu trop bien faire, il n'a rien fait du tout. Il ne lui reste de la vision entrevue que le douloureux sentiment des occasions manquées, le remords des dons restés sans emploi et l'humiliation du génie stérile... à moins que ce ne soit le sot orgueil des gens qui, pour se consoler de n'avoir rien fait, trouvent leur bonheur à critiquer les œuvres d'autrui et endorment leur dépit en posant pour les apôtres de la beauté parfaite.

Tel n'était pas M. Mabille. Il ne s'arrêtait pas longtemps à préparer sa maquette, à examiner ses ressources et à rêver perfection. Il était le sculpteur qui, ayant eu la vision d'une belle statue, se jette sur la glaise et saisit l'ébauchoir. Il pétrit, il modèle. Au fur et à mesure qu'il avance, la vision entrevue prend du corps, les formes s'imposent d'elles-mêmes à son génie, guident l'ouvrier dans son travail. La statue se fait; la statue est faite. Les retouches nécessaires s'effectuent en leur temps. Et déjà l'artiste songe à de nouvelles créations, à la réalisation d'autres idées qui bouillonnent dans son cerveau.

Pour lui, entre avoir une idée, vouloir et agir, il n'y avait pas de distance appréciable, pas d'hésitation, pas d'arrêt. Il ne laissait pas à ses idées le temps de dépérir et de mourir. Il n'en renvoyait pas l'exécution au lendemain, sachant que les bonnes pensées naissent, vivent et meurent, et que laisser passer le moment où elles

sont dans toute la force de leur maturité, c'est
s'exposer à les sentir s'étioler, s'évider et périr.
Simplement, sans phrases, mais avec hâte, il se
mettait au travail ; il avait la conviction qu'il
réussirait, il avait la foi, dirons-nous, pour parler
son propre langage. Il disait sans doute, à propos d'une entreprise nouvelle : je puis, donc je
dois. Mais il pensait tout autant : je dois, donc je
puis.

Car il ne doutait de rien. Il ne doutait de rien
parce qu'il ne doutait pas de Dieu. Quand il voulait bâtir une tour, il s'asseyait d'abord, suivant
la recommandation de Jésus, pour en calculer la
dépense et pour voir s'il pourrait y subvenir. Il
trouvait alors que Dieu était avec lui. C'était là le
capital nécessaire pour mener l'entreprise à
bonne fin. Assuré d'avoir Dieu comme associé
ou comme commanditaire, il ne craignait plus
qu'on pût dire de lui : « Il a commencé à bâtir
une tour, mais il n'a pas pu l'achever. »

Sa manière, il l'a décrite, sans penser à lui-
même, dans une parole que nous avons saisie au
passage pendant la nuit qui précéda sa mort. Il
somnolait. Tout à coup, dans le langage des Bassoutos, et faisant un geste comme en prêchant,
il dit : « Quand Dieu envoie les anges, ils bon-
dissent en avant... » Bondir en avant parce que

c'est Dieu qui vous envoie, voilà ce qu'il faisait.
Et c'est pour cela qu'il a tant fait.

Partant de ce principe et avec ce tempérament, il avait le courage de commencer des
choses nouvelles, de prendre des responsabilités,
de se compromettre, de s'engager à fond : « En
toutes choses, écrivait-il, il faut quelqu'un qui
commence et paie de sa personne. Au reste, je
suis habitué à cela, et il me semble être certain
que le Seigneur me dirige. »

M. Mabille était un impulsif, mais un impulsif
raisonné. Il s'était fait un programme, il avait
assigné à son activité un but très nettement défini.
Une fois ainsi orienté, il avait déployé toutes
ses voiles, prêt à se laisser pousser par tous les
souffles vers son point d'atterrissage, à travers
vents et marées.

Mais ce n'était pas un homme à boutades,
procédant par à-coups, prenant feu et flammes
pour une idée, pour ensuite s'en lasser et l'abandonner. Il réunissait en lui ces deux qualités qui
si souvent s'excluent : il avait la promptitude et
l'abondance des grandes résolutions ; il avait
aussi la persévérance et la ténacité de l'exécution, l'esprit de suite, le travail régulier, métho-
dique et routinier de chaque jour, la patience

des petites besognes fatigantes et ingrates, le
courage de recommencer après un échec, la fidélité dans les petites choses comme dans les
grandes. « Nous savons tous que Rome n'a pas
été bâtie en un jour. Et les choses grandes et
sérieuses dans le royaume de Dieu ne se fondent
guère sans souffrance et sans déceptions. Il faut
souvent des tâtonnements et beaucoup d'expériences laborieuses ; l'on n'arrive pas au but d'un
seul coup. Y a-t-il lieu de se décourager ? Non,
certes. Si la pierre que nous essayons de rouler
jusqu'au haut de la pente, retombe parfois assez
bas, eh bien, sachons redescendre jusqu'à elle et
recommencer l'ascension d'un vigoureux effort.
En avant donc avec foi et courage ! Regardons
en haut ! »

A cette volonté puissante, à cette persévérance, s'ajoutait un soin scrupuleux de l'emploi
de son temps. L' « obéissance immédiate » était
la consigne qu'il s'était imposée. Il disait que
Dieu donne à chacun de nous la quantité de travail qu'il peut faire pendant sa journée. Gas-
piller son temps, renvoyer à demain les devoirs
d'aujourd'hui, c'est une infidélité et une fraude.
Car la journée de demain a déjà reçu de Dieu
son emploi, et nous ne pourrons réparer nos négli-

gences d'un jour sans sacrifier le lendemain
les travaux pour lesquels ce jour avait été dési-
gné. Il économisait donc les heures et les minutes, il avait pris l'habitude de tout faire immédiatement et rapidement. Nous remarquions
souvent en voyageant avec lui que, à l'arrivée à
l'étape, il était toujours le premier à desseller et
à entraver son cheval, et le premier à l'avoir sellé
quand sonnait le boute-selle. Nous avions beau
faire, il nous devançait toujours. « Quant on
voyageait avec lui en chariot, nous disait un de
ses conducteurs, avant le jour il donnait le signal
du lever. Et quand nous nous décidions à sortir
de nos couvertures, redoutant la gelée blanche
qui saupoudrait les jougs, nous trouvions qu'il
avait déjà attelé trois ou quatre paires de bœufs. »
Il regrettait le temps qu'il perdait à tremper sa
plume dans l'encrier, et employa pendant un
temps une plume électrique lourde et fatigant la
main, dans le seul but de se passer de l'encrier.
Il regrettait aussi le temps perdu à dormir et
l'écourtait au delà des limites de la prudence.

Il trouvait perdu le temps des repas, encore
qu'il prît les siens très rapidement et que souvent
il mangeât tout en corrigeant sur le coin de la
table une épreuve d'imprimerie. Il lisait en mar-
chant, au risque de trébucher sur les pierres

du chemin. Nous l'avons vu essayer de lire à
cheval. Et quand il célébrait le vingt-cinquième
anniversaire de sa naissance il notait dans son
journal intime qu'il avait déjà vécu «  un quart de
siècle » avec le regret d'en avoir fait un si petit
usage.

Le travail, pour lequel il avait une facilité extraordinaire, était devenu pour lui une habitude,
un besoin, une seconde nature. Loin de ses occupations quotidiennes, il n'était pas heureux.
Il ne s'occordait que de rares congés, parce que
l'inaction lui était antipathique, et parce qu'en
même temps il redoutait l'accumulation de travail qui l'attendrait à la maison. Pour se reposer, il se bornait à changer de travail, et il n'admettait pas que la fatigue fût une raison suffisante
pour interrompre un labeur. « Sont-ils drôles
nous disait-il un jour à propos de gens qui, après
un fort coup de collier, parlaient de se reposer ;
sont-ils drôles ! Ils croient qu'être fatigué est une
raison pour ne pas travailler. »
L'aider était chose à la fois difficile et décourageante. Il fallait lui arracher ou lui dérober un
travail pour qu'il vous le laissât faire ; et quand
on y avait réussi, on le voyait avec stupeur en
entreprendre un autre ; car il en avait toujours

une bonne provision en réserve. Quoiqu'il recou-
rût abondamment, pour certaines besognes,
au concours de ses aides indigènes, sa fatigue
n'en était pas moins continuelle et parfois inquiétante pour ses amis. Sur son lit de mort, il reconnut qu'il avait eu tort de ne pas écouter les
conseils de ceux qui lui prêchaient la modération. Et l'un de ses regrets était de partir avant
le déclin de ses forces. Nous le vîmes se palper
les bras et dire : « Je suis encore fort, j'aurais
encore pu beaucoup travailler. » Puis, un peu
plus tard : « Dieu ne nous a pas donné un esprit
de timidité, mais un esprit de *force*. » Il appuyait
énergiquement et longuement sur ce dernier
mot, qui s'appliquait si bien à lui et qui exprimait ce qu'il avait été toute sa vie, au physique
et au spirituel : un homme fort, un homme d'action.

# CHAPITRE XX

# LA PIÉTÉ

Nous disions au commencement du chapitre précédent que le mot d'ordre de M. Mabille semblait avoir été celui-ci : tout donner à Dieu. Cette formule serait cependant bien incomplète si nous n'y ajoutions pas ces mots : et tout recevoir de Dieu. Nous ne donnons à Dieu qu'en proportion de ce que nous recevons de lui. C'est en lui que nous cherchons et trouvons les œuvres que nous faisons pour lui. Pour beaucoup le servir, il faut beaucoup lui demander. C'est de lui que viennent les idées justes, les forces et les moyens de les réaliser. Le substratum de l'activité du chrétien doit être une vie religieuse intense, toute faite de piété, de prière et de foi. Et telle était celle de M. Mabille.

Il ne fallait pas chercher chez lui de théologie proprement dite. Ce n'était pas un penseur, ce n'était pas un théologien. Il était trop homme d'action et de pratique, trop absolu et trop occupé, pour consacrer à établir dans ses croyances un ordre parfait et un équilibre savant. Si l'on voulait définir sa position en théologie, il faudrait dire qu'il avait accepté l'ensemble des doctrines communément appelées orthodoxes ; il avait, pour nous servir d'une expression historique, admis l'Evangile et « son bloc », les dogmes bruts, massifs et absolus. Les distinctions subtiles, les nuances délicates, les atténuations habiles que d'autres affectionnent, n'étaient point de son goût. Le procédé moderne qui consiste à savamment évider les doctrines chrétiennes pour n'en garder que la coquille (mais avec quel soin respectueux on affecte de garder celle-ci !), ne trouvait auprès de lui ni accueil ni sympathie. Il n'admettait pas que l'on taillât les vérités révélées à la mesure de la foi individuelle et de ses défectuosités. Il ne voulait pas que, sous couleur de limer les angles de certains dogmes, on réduisît la doctrine chrétienne en poussière ; car ce n'est pas avec de la limaille de fer que l'on peut tirer sur l'ennemi. M. Mabille avait des païens à convertir, des consciences à réveiller, des âmes à engendrer, des captifs à délivrer. Et il savait que cette œuvre divine ne peut se faire qu'avec l'aide

de ces vérités concrètes anguleuses et solides
que prêchaient les Apôtres et les Réformateurs.
Si la vieille armure de nos ancêtres est trop
lourde pour notre petite taille de dégénérés,
gardons-nous de la rapetisser à notre mesure ;
car elle ne vaudrait plus rien. Fortifions-nous
plutôt pour pouvoir nous en revêtir et recommencer les guerres du Seigneur. Sans doute il
n'était ni un obscurantiste ni un moyenâgeux.
Il ne fermait pas volontairement ses yeux et ses
oreilles à la vérité et aux progrès des sciences
modernes. Mais quand il empruntait quelque
chose au présent siècle, ce n'était pas pour
appauvrir la vérité chrétienne, c'était pour l'en-
richir.

Le centre de sa foi et de sa prédication, c'était,
bien entendu, la personne et l'œuvre de Jésus-
Christ. Mais ce qui frappait chez lui, c'est qu'il
ne parlait pas tant du Jésus des Evangiles, du
doux Jésus, débonnaire et compatissant, ni
même du Jésus crucifié, que du Jésus vivant,
assis à la droite de Dieu le Père, le chef de
l'Eglise, la source vivante de toutes les grâces,
mises en lui à la disposition du chrétien, qui doit
se les approprier par un acte de foi. Ce point de
vue, qu'il avait déjà affirmé dans son discours

de consécration, il ne fit que l'accentuer chaque jour davantage, plaçant toujours plus nettement la personne vivante de Jésus au premier plan et insistant sur le rôle prédominant de la foi dans l'appropriation par le chrétien des bénédictions déposées en lui par Dieu.

Cette foi, qu'elle agisse directement ou dans la prière, il ne la donnait par pour la condition, mais pour le moyen et l'instrument même de l'exaucement et de l'acquisition des grâces désirées. Il prenait au pied de la lettre et dans son sens littéral rigoureux la parole de Jésus : « Quoi que vous demandiez, croyez que vous le recevrez, et vous l'avez reçu. » Avec cette foi, on devait infailliblement tout obtenir. On ne recevait pas tout, parce qu'on n'avait pas eu assez de foi ; car le rôle de cette dernière était de s'emparer de biens déjà tout préparés et placés en face du croyant pour qu'il y puise à pleines mains. Il y avait, à notre avis, quelque chose de mécanique et de magique dans le procédé que préconisait M. Mabille. On ne voyait plus quel rôle avaient encore à jouer la volonté et la sagesse de Dieu dans l'exaucement de la prière, et si la part si large faite à la foi de l'homme ne réduisait pas à néant la participation de Dieu à la distribution de ses faveurs, et n'enlevait pas à

la prière elle-même le caractère d'une demande
confiante, qui est son essence et sa raison d'être.
Pour être conséquents, pensions-nous, il faudrait
attribuer nos épreuves, la mort prématurée de
nos bien-aimés, l'incrédulité des païens, à des
manques de foi de la part des croyants, et se
priver ainsi de la suprême et unique consolation
qui reste aux affligés, celle qui consiste à attribuer à la volonté souveraine et sage de Dieu les
épreuves qui nous sont dispensées. A cela
M. Mabille répondait que le Saint-Esprit nous
suggère ce que Dieu est disposé à nous accorder... Et ensuite, la pratique et le bon sens
venaient corriger ce que sa théorie avait d'exa-
géré, et non la contredire.

La prière était la respiration même de son
âme, son aliment de prédilection et le ressort
moteur de toute son activité. Il s'y livrait avec
ferveur et en tout temps. C'est par elle qu'il
commençait et terminait sa journée, dans le
silence de son cabinet. La seule récréation qu'il
s'accordât, c'étaient quelques minutes de recueillement et de prière après son repas du milieu
du jour. Pendant un temps il essayait de prier
toutes les heures, sans toutefois y réussir
longtemps. Se réunir avec d'autres chrétiens

pour prier ensemble était un réel besoin pour lui. Les réunions de prières étaient fréquentes dans son église et longues ; pendant un certain temps, elles furent quotidiennes. Il y voulait de l'animation et de nombreuses prières, auxquelles les femmes comme les hommes prenaient une part active. Il était aussi affilié à des associations pour la prière, sortes de rendez-vous que se donnaient à jour et à heures fixes des chrétiens du monde entier pour présenter à Dieu en commun, quoique séparés, les mêmes requêtes et les mêmes actions de grâce. Il tenait à ce qu'on citât par leurs noms les personnes, les œuvres, les institutions pour lesquelles on priait. Ses lettres mêmes, celles du moins qu'il écrivait à ses intimes, et son journal étaient pleins d'appels à la prière et d'invocations à Dieu.

Il y avait chez lui un fond considérable de mysticisme. Ses sympathies allaient volontiers aux chrétiens qui insistent sur l'anéantissement du moi, le renoncement à lutter par soi-même, et un abandon passif à l'action du Saint-Esprit. Ses textes favoris étaient des paroles comme celles-ci : « Ce n'est plus moi qui vis, c'est Christ qui vit en moi. Vous êtes morts, et votre vie est cachée avec Christ en Dieu. Il faut qu'il croisse et que je diminue. » Nous avons relevé, dans une de ses lettres à ses parents, cette invocation que n'eussent pas désavouée les grands mytiques des siècles passés : « Seigneur Jésus, viens donc en moi, et quand je prie, que ce soit toi qui pries ; quand je parle, que ce soit toi qui parles ; quand j'agis que ce soit toi qui agisse. » (1863)

Par conséquent, quoi d'étonnant s'il s'associa de tout cœur, à distance à ce qu'on appelle le mouvement de la sanctification, auquel nous avons dû les réunions de consécration ? La visite du major Malan au Lessouto le fortifia encore dans ces idées. En 1875, il fit avec M. Coillard un voyage de 560 kilomètres, à cheval, pour assister dans la ville de Kingwilliamstown (colonie du Cap), à des réunions d'édification roulant sur des sujets tels que la sanctification par la foi, la délivrance totale du péché, la mort du vieil homme et la présence réelle et personnelle du Saint-Esprit dans l'âme du croyant. Les idées et les écrits du pasteur Andrew Murray, le chef de cette école du sud de l'Afrique, trouvaient en lui un partisan convaincu : il fit venir au Lessouto un évangéliste itinérant nommé Spencer Walton, dont les doctrines perfectionnistes et les procédés « révivalistes » prêtaient cependant le flanc à de graves objections. Son désir de pro-

gresser dans la piété et la sainteté était tel qu'il
accueillait avec avidité tout ce qui lui paraissait
de nature à réaliser, pour lui-même et pour son
Eglise, les hautes aspirations et les saintes ambition de son âme. Il se mettait alors à l'école des
autres avec une profonde humilité, dépouillé de
tout esprit critique, le cœur ouvert tout grand
aux souffles nouveaux, et prêt à recevoir la
« plénitude du Saint-Esprit » que ces prédicateurs promettaient et offraient, au risque de se
laisser éblouir par des paroles trop belles et par
une conception trop optimiste de la vie chrétienne. Ainsi, à la suite de ces réunions Walton,
il nous disait que maintenant son Eglise et son
œuvre ne lui donnaient plus aucun souci, qu'il
en avait complètement remis le fardeau à Dieu,
alors qu'auparavant elles lui causaient de lourdes préoccupations. Mais bientôt la réalité débor-
dait la théorie, il avouait que les faiblesses et
les chutes de ses paroissiens lui déchiraient le
cœur ; il savait souffrir comme Jésus, comme
saint Paul, des péchés et des misères des chrétiens, de l'endurcissement des païens, des len-
teurs du règne de Dieu, de la soif de perfection
et de sainteté jamais étanchée. Avec quel accent
convaincu et douloureux s'écriait-il, peu après,
et du haut de la chaire : « Diriger une Eglise

comme celle de Morija. c'est lourd, lourd, lourd ! »

Si, à cette période, d'ailleurs courte, de sa vie, il avait, en paroles surtout, cotoyé le quiétisme et le perfectionnisme, il s'en était toujours tenu bien loin dans la pratique. Jamais homme ne fut moins satisfait de lui-même et de sa vie religieuse. Jamais il ne rêva même de se croire arrivé dans le voisinage de la perfection. Ses examens de conscience étaient, au contraire, sévères et rigoureux. Son journal intime, où il inscrivait, à de longs intervalles, ses réflexions sur lui-même et ses expériences spirituelles, ne contient que plaintes et condamnations. Il y notait ses défauts, il les déplorait ; il y gémissait sur son manque de piété et de zèle ; il s'accusait même d'être paresseux, de ne pas assez travailler, d'être un ouvrier inutile. On attribuerait ces pages à un chrétien timoré, tourmenté par un besoin morbide de se déprécier lui-même, ou réellement aux prises avec de gros péchés. Après sa mort, on a retrouvé dans son bureau une feuille de papier sur laquelle il avait écrit la liste des défauts qu'il se reconnaissait, — et qu'il avait faite longue, — pour prier régulièrement en vue d'en être délivré. En face de ces défauts, on y lisait ces mots : « Pas encore corrigé ! » témoi-

gnant de l'intensité de la lutte et du désir de
devenir meilleur. Son cabinet de travail n'était pas
un oratoire où un dévot se complaisait dans la
béatitude du Pharisien content de lui-même ;
c'était un confessionnal où un chrétien vivant,
avide de sainteté, s'humiliait devant Dieu avec
larmes et s'accusait des fautes dont il avait conscience. Quand nous l'entendions, sur son lit de
mort, regretter ce qu'il appelait ses manques de
fidélité, nous lui disions : « Vous croyez pourtant que quand vous arriverez devant Dieu, il
vous dira : Cela va bien, bon et fidèle serviteur ?  Il répondit, d'un air de doute : « Non...
je n'en sais rien... »

Aussi une des plus grandes joies des dernières
années de sa vie fut la victoire qu'il remporta sur
son caractère trop bouillant et sur les mouvements de colère auxquels la contradiction, les
longues discussions ou les fautes des hommes
donnaient lieu chez lui. Il s'emportait alors et
parlait avec violence. Il souffrait de ces sorties et
de ces brusqueries elles étaient « une écharde
dans sa chair », et, puisqu'il les combattait, une
défaite. Le jour vint cependant où il put être
maître de lui. Il voulut ne plus se fâcher, et il ne
se fâcha plus. Ce fut pour lui une vraie délivrance, une œuvre de la grâce de Dieu, ou

mieux encore, pour parler comme lui un triomphe de la foi. Mais le vieux Siméoné Féko, un de ses plus fidèles vétérans, s'étonnait d'un changement qui le déroutait, et disait : « Nous ne reconnaissons plus notre missionnaire : il ne se fâche plus. » Le fait est que son silence et sa réprobation tacite étaient plus inquiétantes que ces vigoureuses sorties d'autrefois, à la suite desquelles on était sûr de ne renconter chez lui ni froideur ni éloignement.

Si nous avons quelque peu insisté sur les tendances mystiques de M. Mabille, c'est pour faire ressortir, dans sa personnalité, deux courants qui s'y dessinaient très nettement : d'une part le sentiment de sa dépendance absolue par rapport à Dieu, de l'autre son absolue responsabilité et la nécessité pour lui de travailler à son salut avec crainte et tremblement. Dépendance et liberté, incapacité et responsabilité, Dieu cherché et pourtant déjà trouvé, ce sont là les réalités de la vie spirituelle, contradictoires et inconciliables, mais qui sont l'essence même de la religion. La pensée humaine, infirme est de courte vue, doit renoncer à détruire cette antinomie douloureuse. Mais, dans une âme vivante, toute contradiction disparaît ; tout y est harmonie, œuvres, prière et foi. C'est là l'échelle de Jacob, qui établit entre le ciel et la terre ces communications bénies auxquelles nous devons d'être des enfants de Dieu.

Ajoutons enfin, à ces indications sur la vie religieuse de M. Mabille, ses vues relatives à l'avenir de l'humanité. Dans sa pensée, le retour de Jésus-Christ était très prochain. Il aimait à s'en faire un tableau réaliste. Il voyait l'établissement du millénium et se réjouissait d'être un de ceux qui jugeraient les nations et les gouverneraient. Il se voyait ressuscitant au dernier jour avec son Eglise, et il avait expressément recommandé qu'on l'enterrât parmi les Bassoutos (et non dans le jardin de la mission, comme, pour diverses raisons, c'est l'habitude au Lessouto), pour ressusciter avec eux et paraître, avec ses enfants en la foi, devant le Christ victorieux et glorifié. A propos de la vie éternelle, il se réjouissait de rencontrer, non seulement le Sauveur, mais tous les grands chrétiens dont la vie et les œuvres avaient édifié sa foi. Une de ses dernières paroles fut celle-ci : « Ah, saint Paul, que je me réjouis de te voir, et de te dire le bien que tu m'as fait par tes épîtres ! » Il protestait contre la petite ambition des chrétiens qui disent :

« Peu importe quelle place j'occuperai dans le ciel ; la dernière me satisfera, pourvu seulement que je sois dedans. » « Pour moi, disait-il, j'ai plus de prétentions que cela : je veux y occuper une place éminente et être grand (1) dans le royaume des cieux. » Il va sans dire que ces anticipations hardies n'ôtaient rien à la profonde humilité de son cœur. Il se savait dépourvu de tout mérite personnel ; mais il attendait infiniment de la grâce de Dieu.

On comprend l'influence exercée sur son activité et sur sa piété par les perspectives glorieuses que son imagination déroulait devant ses yeux avec tant de précision et de réalité. Il travaillait en vue d'un but précis ; toute son activité convergeait vers un point bien défini. C'est parce que ses regards étaient fixés sur l'avenir qu'il pouvait tant s'occuper du présent. Ce puissant semeur jetait la semence à pleines mains et à la sueur de son front, parce qu'il croyait aux moissons merveilleuses de l'avenir et qu'il en entendait déjà les chants de triomphe.

------

(1) Est-il besoin de faire remarquer qu'une telle ambition, bien loin d'être contraire à l'esprit évangélique, s'appuie sur des textes positifs, comme Mat. V, 19 ; XVIII, 4 ; XX, 26 ; XXIII, 11, et les parallèles dans Marc et Luc ? M. Mabille prenait à la lettre ces paroles du Sauveur.

CHAPITRE XXI

# LE PASTEUR

---

A bien des égards, la différence entre un pasteur et un missionnaire n'est qu'une affaire de latitude. L'un et l'autre ont le devoir d'amener des gens qui vivent sans Dieu à la vie avec Dieu ; l'un et l'autre doivent édifier des âmes régénérées, les nourrir de la manne céleste et les faire pénétrer toujours plus avant dans la communion divine. Dans des œuvres missionnaires quelques peu anciennes et ayant eu du succès, la tâche du missionnaire présente fortement ce double aspect, et la direction d'une Eglise s'ajoute à l'Evangélisation des païens pour compliquer et augmenter les charges de celui qui y est engagé.

Tel fut aussi le cas pour M. Mabille qui, placé à la tête de la plus ancienne et de la plus considérable station du Lessouto et d'un district où la population païenne était très dense, devait nécessairement cumuler les fonctions de pasteur et de missionnaire.

Le tableau que nous avons déjà tracé de son activité suffit partiellement pour indiquer dans quel esprit et de quelle manière il accomplissait son double sacerdoce, en particulier pour tout ce qui concerne l'organisation et l'extension de son œuvre d'évangélisation. Nous croyons pourtant devoir ajouter à ce tableau quelques traits nouveaux, destinés à mettre davantage en évidence certains aspects de sa personnalité..

Pendant les premières années de son ministère, alors que son Eglise était encore relativement petite et ses occupations restreintes, son Eglise était pour lui comme une grande famille. Il suivait ses ouailles de très près, avait avec chacun d'eux des entretiens fréquents, connaissait les difficultés et les tentations de tous, et pouvait ainsi se livrer minutieusement à tous les travaux de la cure d'âmes : travail bienfaisant et fécond que celui d'un pasteur qui, n'ayant ni travaux littéraires ni les charges du professorat, peut se consacrer à loisir, sans presse et sans fatigue, à développer la piété des membres encore peu nombreux de son troupeau.

Plus tard, les succès mêmes de son ministère,

l'augmentation du nombre des chrétiens et des catéchumènes, la fondation des annexes, les écoles supérieures, l'imprimerie, enlevèrent peu à peu à M. Mabille la possibilité d'exercer, dans tous leurs détails, toutes les fonctions pastorales. Il ne cédait qu'avec peine à cette pénible nécessité ; il redoublait d'activité pour pouvoir garder le plus qu'il pouvait de ses occupations de directeur des âmes ; et sa porte fut, jusqu'à son dernier jour, ouverte toute grande à quiconque désirait s'entretenir avec lui. Au surplus, il conservait tout entières, comme un moyen d'action toujours puissant, la parole publique, les prédications du dimanche, les réunions d'édification et de prières et l'instruction des catéchumènes. Après tout, la vie intérieure des noirs, dans la phase actuelle de leur développement, est chose encore peu compliquée ; les difficultés auxquelles s'achoppent des personnes plus avancées, les doutes en matière de dogme, les scrupules exagérés de consciences très délicates, les maladies modernes de l'âme, les infirmités et les anémies des races dégénérées, tout cela ne tourmente pas beaucoup ces primitifs et n'exige pas de leur pasteur de longues et fréquentes interventions. Ceux-là mêmes qui s'occupent constamment de la cure d'âmes et qui voient de très près leurs chrétiens, savent que ce qui les étonne et les déroute le plus chez leurs paroissiens africains, c'est l'extrême simplicité, la monotonie, la pauvreté de leur vie intérieure, et l'importance disproportionnée que prennent pour eux des affaires insignifiantes. Nous disons cela en faisant une part aussi large que l'on voudra aux exceptions qui, fort heureusement, sont assez abondantes.

La parole publique répond à la plupart des besoins de ces âmes rudimentaires, et M. Mabille était, croyons-nous plus taillé pour agir sur les collectivités que sur les individus. De plus, il recourait beaucoup, pour la cure d'âmes et la surveillance de son troupeau, aux aides indigènes qu'il avait formés, aux hommes et aux femmes de confiance auxquels il avait inculqué ses principes et ses méthodes, et qui trouvaient, dans l'exercice des fonctions qu'il leur confiait, un nouvel aliment pour leur propre vie religieuse.

Pasteur difficile, du reste ; nous dirions presque décourageant. Comme tout bon père de famille, il n'aimait pas à entendre critiquer ou dénigrer par autrui ses paroissiens et son Eglise. Il prenait chaudement leur défense en face de leurs détracteurs. On eût dit alors qu'il les croyait meilleurs que d'autres. En réalité, il n'était jamais satisfait d'eux.

Par principe, tout d'abord, il ne louait jamais personne, ni ses paroissiens, ni ses amis, de peur, disait-il, qu'ils ne s'enorgueillissent ou ne se crussent dispensés de faire de nouveaux progrès. On avait beau se donner de la peine pour bien faire, on ne l'entendait jamais, comme saint Paul, dire à ses chrétiens un de ces : « Cela va bien », qui, loin de nuire au zèle des âmes bien pensantes, les stimule au contraire et leur inspire de nouveaux efforts — et qui n'exclut en rien la répréhension. Il semblait ne pas remarquer la bonne volonté, les luttes et les sacrifices de ses paroissiens. Et il y avait là quelque chose de décourageant.

Et puis, s'il ne leur adressait jamais d'éloges, c'était tout autant parce qu'il n'était jamais réellement satisfait d'eux, de leur vie religieuse et de leurs œuvres. Il voulait en eux et pour eux le *maximum*. Son idéal de la piété était si haut, il avait pour son Eglise une ambition si grande et si haute, il voulait tellement en faire un « peuple de Dieu, saint et zélé pour les bonnes œuvres », que, à aucun moment de son ministère, il ne fut réellement satisfait de l'état spirituel de son troupeau. Il le jugeait aussi sévèrement qu'il se jugeait lui-même, et ce n'est pas peu dire.

Cette sévérité, elle tenait sans doute, dans une certaine mesure, au fait qu'il attachait une importance peut-être exagérée aux manifestations extérieures, collectives et publiques de la vie religieuse ; il en recherchait trop exclusivement les fruits là où, en réalité, on peut le moins en trouver, c'est-à-dire dans les assemblées chrétiennes, dans les réunions et dans l'accomplissement de certains devoirs ecclésiastiques. Il voulait des réunions fréquentes et bien fréquentées, animées, vivantes ; les gens se disputant en quelque sorte le privilège d'y prier ; les chants ayant la vibration de cœurs émus ; des pécheurs confessant leurs péchés, d'autres racontant leurs délivrances et les joies intimes de leurs expériences religieuses, — tout autant de manifestations excellentes, mais qui ne peuvent se produire régulièrement dans des assemblées ordinaires et périodiques, et dont l'absence du reste ne peut faire oublier les luttes secrètes de personnes souvent tentées, les prières ferventes faites en secret, — et les œuvres de la charité chrétienne, d'autant plus belles que la main gauche de celui qui les a accomplies ignore ce qu'a fait la droite...

On l'a compris, M. Mabille était ce qu'on appelle un homme de réveil. Il n'aimait ni ne pratiquait les méthodes dites révivalistes, mais il aimait les réveils, il les souhaitait, il les recherchait par la prière et par ses discours. Il aimait les réunions spéciales, soit à propos du renouvellement de l'année, soit pendant la semaine sainte, soit encore à telle époque de l'année, où il voulait qu'une semaine entière fût mise à part pour travailler à réveiller la piété, le zèle à l'émulation des chrétiens, et pour se préparer à des efforts plus fructueux pour la conversion des païens. Souvent, à la sortie d'un culte, on demandait à M. Mabille : « Est-ce que l'Esprit commence à souffler ? » — Il mourut en exprimant la ferme assurance que le réveil tant attendu ne tarderait pas à se produire, — espoir qui ne s'est pas réalisé, renouveau dont les premiers symptômes mêmes font encore défaut.

Entre l'idéal qu'il avait et la réalité, l'écart était trop grand pour qu'il n'en souffrît pas, et pour qu'il n'exhalât pas sa tristesse au sein de son Eglise. De là des prédications souvent trop sévères, où la gronderie tenait plus de place que les encouragements et dans lesquelles il exprimait, sous forme de reproches parfois véhéments, la douleur de son cœur et son ardent désir de voir son Eglise progresser dans la voie de la sanctification.

Il semblait alors ne pas tenir compte du passé de ses auditeurs, de leur nature grossière, de leur mauvaise éducation première, des héritages d'ignorance, de corruption et d'impiété accumulés en eux et du milieu délétère où ils vivaient. Il ne se disait pas que, d'une matière première qui nous semble de qualité inférieure, on ne peut obtenir des ouvrages artistiques et parfaits. Avec ce quelque chose d'absolu qu'il avait dans tout son caractère, il croyait que, le Saint-Esprit agissant en eux, les Bassoutos actuels devaient pouvoir atteindre « à la parfaire stature de Christ ».

Et pourtant, quand on lit quelques-unes de ses lettres, on y trouve la contre-partie de ce que nous venons de dire. Pour plaider la cause des chrétiens bassoutos, et des Bassoutos en général, auprès des personnes qui croyaient avoir à se plaindre d'eux, il a des indulgences de père et des accents pathétiques ; il invoque les circonstances atténuantes qu'en d'autres temps il semblait ignorer : « Supportez, pardonnez, continuez à user de miséricorde. Vous savez que les circonstances par lesquelles vous passez sont de nature à éloigner les plus solides... N'éteignez pas le lumignon qui fume encore... Soyez coulants... Espérons toujours, travaillons au relèvement de ceux qui tombent, nous rappelant que nous aussi nous pouvons tomber. »

C'est qu'il les aimait, ses Bassoutos, et d'un amour de cœur. Il se trouvait plus à son aise dans leur société que dans celle des Européens. S'il était impatient dans les questions de détail, il avait, en général, envers eux une patience inépuisable. Il croyait en eux et en leur avenir. Et quand il s'était intéressé à l'un d'eux, il ne le « lâchait » jamais. Il pria pour la conversion du vieux chef Létsié, païen jusqu'aux moelles, et l'espéra contre toute espérance, jusqu'à la mort impénitente de ce malheureux. Les renégats, il ne prenait pas son parti de leur défection et revenait sans cesse à la charge pour les ramener à la foi. Il leur envoyait des messages, il leur écrivait des lettres, il organisait pour eux des réunions spéciales. Sévère dans la répréhension, il était toujours prêt à pardonner et à rendre sa confiance à des gens qui en avaient démérité. On l'aimait parce qu'il aimait positivement, affranchi de tout préjugé de race, ne se préoccupant pas de maintenir les noirs « à leur place », comme tant de gens s'efforcent de le faire, et prenant courageusement leur parti, quand ils avaient raison, envers et contre tous. Les affections ne s'expliquent pas complètement, mais elles sont. Et le fait que les Bassoutos l'aimaient tant et lui faisaient dans leur affection et dans leur respect une place à part, prouve qu'il avait trouvé le chemin de leurs cœurs et réussi (chose extrêmement difficile) à les convaincre de la sincérité de son amour et de son dévouement pour eux. S'il jouissait à leurs yeux d'un prestige unique, s'il osait leur dire des choses qui n'eussent été tolérées que de lui seul, si son autorité était incontestée, si le nom de Mabille était connu d'un bout à l'autre du Lessouto et prononcé avec respect et reconnaissance par chefs et sujets, païens et chrétiens, s'il jouissait d'une popularité du meilleur aloi, c'est à son amour pour les noirs du sud de l'Afrique et au sacrifice complet de sa vie pour eux qu'il faut l'attribuer. « Il n'avait pas eu honte de les appeler ses frères, et de les traiter comme tels. »

Attribuer leur attachement à son seul amour, ce serait ignorer un des traits qui gagnent le plus leurs cœurs et qui, à la longue, leur inspirent le plus de confiance : la fermeté.

M. Mabille était, par son tempérament et par principe, autoritaire. C'était, si l'on nous pardonne une expression quelque peu exagérée, un pasteur à poigne. Il fallait que ses paroissiens se soumissent aux règlements de son Eglise, tant pour s'abstenir de certaines coutumes païennes que pour accomplir les devoirs de la vie chrétienne. On l'avait dès l'abord surnommé « le retrancheur ». Peu à peu il avait adopté des procédés moins expéditifs, mais il fut toujours une autorité devant laquelle il fallait plier. C'était un strict disciplinaire, qui appliquait les règles de la discipline ecclésiastique (1) avec conviction.

Sans doute, en se plaçant à un point de vue purement théorique, les actions des hommes n'ont de valeur morale qu'en tant qu'elles sont le produit spontané de leur liberté et de leurs convictions. A cet égard, nous ne rétractons pas un mot des remarques que nous avons faites dans notre quatrième chapitre. Assister à des cultes, contribuer aux charges de l'Eglise, s'abstenir de

---

(1) Est-il nécessaire de dire que la discipline ecclésiastique, dans la mission du Lessouto, ne recourt qu'à des moyens exclusivement moraux : répréhension privée ou publique, suspension temporaire des droits ecclésiastiques, et excommunication ? Toute espèce de peine corporelle est réprouvée par les missionnaires ; nous ne nous permettons pas de porter la main sur un noir ; et nous blâmerions ceux qui, dans un moment d'oubli, se laisseraient aller à en frapper un.

certains actes mauvais ou suspects de paganisme
parce qu'on y est forcé par une loi, par crainte
des hommes, par obéissance à des règlements, et
non par conviction personnelle, ce n'est assurément pas chose méritoire aux yeux de la morale
basée sur la responsabilité individuelle. En impo-
sant aux membres de nos Eglises des actes
que ne leur dicte pas leur propre conscience ou
dont ils ne comprennent pas toute la signification, nous risquons, nous le savons, de fausser
cette conscience, et d'enseigner à nos chrétiens
un formalisme qui facilement mériterait le nom
d'hypocrisie.

Nous ne pouvons pas, d'autre part, admettre
dans ces Eglises encore jeunes, ou permettre à
ces chrétiens sortis hier du paganisme et encore
saturés de ses turpitudes, une liberté qui dégé-
nérerait de suite en licence. Nous ne pouvons
pas, sous prétexte de respecter la conscience individuelle, permettre que l'Eglise de Christ soit
déshonorée et discréditée par des gens qui, tout
en y restant comme membres, pactiseraient avec
le mal et le paganisme. Nous n'avons pas davantage le droit de nous aveugler volontairement et
d'affirmer que la piété des Bassoutos, livrée à
ses seules inspirations, leur enseignerait rapidement à comprendre et à pratiquer les préceptes

de la morale évangélique, et à s'élever sur l'échelon social où d'autres peuples les ont devancés. Tout en faisant l'éducation de leur conscience, n'oublions pas que les temps sont courts et que la marée de la civilisation monte, monte, et s'apprête à engloutir tout ce qui ne se laisse pas porter par elle. Les races blanches ont sur les races noires une avance si énorme, qu'il ne s'agit pas de dire que les noirs arriveront, par leurs propres moyens, à un degré de civilisation chrétienne qui forcera les blancs à les respecter et à les épargner. Le seul salut possible pour les noirs, c'est qu'ils deviennent chrétiens et qu'ils se civilisent. Et c'est pour cette raison — entre autres — que les missionnaires font des règlements ecclésiastiques très complets et imposent à leurs chrétiens des pratiques et des manières de vivre qui ne leur sont pas naturelles.

Au reste, qu'on veuille bien le remarquer, l'obéissance qu'ils attendent d'eux ne manque ni de grandeur ni de valeur morale. L'obéissance est la première vertu des enfants. Quand elle repose sur la confiance et l'humilité, et non sur la peur, elle est le premier stage de la foi, elle est la foi à son premier degré. Un éducation sage et patiente transforme progressivement la contrainte en conviction ; grâce à elle, ce qui était d'abord artificiel devient naturel et spontané. Les cadres s'élargissent peu à peu ; la discipline ecclésiastique évolue et se modifie suivant les progrès spirituels et moraux que font les chrétiens. Ces derniers arrivent peu à peu à « être persuadés de ce qu'ils ont cru », comme le disait si justement un de nos pasteurs indigènes. Et la discipline, instrument délicat et d'un maniement dangereux, mal nécessaire, mais sauvegarde de l'Eglise et éducatrice des chrétiens, devient peu à peu caduque et inutile. Sa mission temporaire s'achève, son rôle de précurseur est terminé, et à elle aussi s'applique la belle parole du Baptiste : « Il faut qu'il croisse et que je diminue. »

Qu'on nous pardonne cette longue digression. Nous avons expliqué pourquoi M. Mabille était un disciplinaire convaincu et pratiquant ; nous avons indiqué pourquoi il tenait à ce que les Eglises du Lessouto eussent une discipline forte et unique et pourquoi lui-même en faisait un usage judicieux, mais énergique. L'insistance avec laquelle M. Mabille poussa à l'organisation du régime synodal dans la mission du Lessouto, — pensée qu'il exprima dès 1864 et à l'exécution de laquelle il travailla sans relâche, —

s'explique par les considérations que nous venons d'exprimer.

Il serait intéressant de le suivre encore dans la part qu'il a prise à l'implantation des synodes dans la mission du Lessouto, — implantation longue et laborieuse qui n'en est encore qu'à ses premiers tâtonnements, — à l'établissement de la caisse centrale, à l'unification des méthodes d'évangélisation, au développement de l'œuvre générale, à la substitution d'une Eglise du Lessouto aux Eglises du Lessouto, à la réunion des membres jusqu'alors isolés pour la formation d'un organisme vivant et parfaitement uni. Mais il doit nous suffire de dire qu'il fut toujours un des ouvriers les plus actifs de cette bonne cause, un de ses avocats les plus chaleureux. Nous ne voulons pas allonger outre mesure une étude déjà trop longue : hâtons-nous d'arriver à son terme.

———

# CHAPITRE XXII

## LE PRÉDICATEUR

———

Parler d'un pasteur sans dire ce qu'il était en chaire, ce serait montrer le soldat partout, sauf sur le champ de bataille ; ce serait faire une œuvre incomplète et enlever au tableau une de ses figures les plus importantes.

Si nous devions définir très en gros les caractères distinctifs de la prédication des missionnaires et de celle des évangélistes, nous dirions volontiers que ceux-ci exhortent et que ceux-là instruisent. Tandis que le prédicateur indigène s'adresse plus spécialement aux sentiments et recourt généralement aux appels, le missionnaire, sans négliger les sentiments et les émotions du cœur, vise beaucoup plus à instruire, à faire participer l'intelligence de ses auditeurs aux mouvements de l'âme, à éduquer la réflexion, à susciter des convictions. Il veut introduire sous les formes mobiles et flottantes du sentiment l'ossature de la réflexion, et appuyer les créations de l'imagination sur les solides étais de la connaisance. Et cela pour donner à la vie religieuse des chrétiens la stabilité et la maturité que seules les exhortations ne pourraient lui assurer.

Comme prédicateur, quand il s'adressait aux chrétiens, M. Mabille était surtout un « morouti », c'est-à-dire un homme qui enseigne.

Il avait de bonne heure pris l'habitude de choisir un livre de la Bible, et d'en faire régulièrement, dimanche après dimanche, l'explication à ses paroissiens. Cette méthode, disait-il, apportait de la variété à son enseignement et l'amenait à traiter les sujets les plus divers, ceux auxquels sa propre réflexion ne l'aurait jamais conduit.

Ses sermons étaient nourris, instructifs, édifiants et longs. Il tirait volontiers toutes leurs conséquences des paroles sacrées qui faisaient le sujet de sa prédication du jour. Il expliquait longuement, il procédait aussi par affirmations catégoriques, intransigeant sur les questions d'inspiration et de doctrine, et ne cherchant pas à concilier la doctrine spéciale prêchée aujourd'hui avec celle qu'il avait exposée précédemment. Pour bien comprendre toute sa pensée, il fallait, — règle qui s'applique du reste à tous les pasteurs, — entendre plusieurs de ses prédications, et laisser à l'une le soin de corriger ce que l'autre pouvait avoir de heurté ou de trop absolu.

Dans les premiers temps de son ministère, sa prédication était simple et très familière, nous l'avons dit ailleurs. Il nous semblait, dans les dernière années qu'elle était parfois trop théorique et trop élevée pour la généralité des membres de l'Eglise de Morija. Il les conduisait trop uniformément sur les hautes cimes de la vie chrétienne. Il parlait comme saint Paul plus que comme Jésus. On eût voulu qu'à la nourriture solide des hommes faits il mêlât davantage le lait des petits et des faibles. C'est d'abord parce qu'il ne vivait plus assez dans le contact des gens par les visites à domicile et par la cure d'âmes ; c'est surtout parce que, très fort lui-même, il distribuait aux autres la nourriture dont il vivait et cherchait à les attirer vers les régions de la haute piété où il se mouvait. Ce qui dominait dans son enseignement, ce n'était pas l'Evangile des simples, la nouvelle des infinies compassions du Père et la tendre indulgence du Sauveur. Sans doute il n'ignorait ni ne cachait aucune de ces vérités consolantes et rassurantes. Mais ce qui revenait le plus souvent dans ses sermons, c'était le devoir de servir Dieu directement, en travaillant à l'avancement de son règne parmi les païens, la sainteté, loi nouvelle apportée par Jésus-Christ, sans l'accomplissement de laquelle nul ne verrait Dieu, et la foi, puissance d'assimilation, de création et de victoire, grâce à laquelle le croyant pouvait tout. Quoi qu'il en soit, sa prédication était profondément édifiante et instructive, parce qu'elle mettait ses auditeurs en présence des obligations et des privilèges les plus grands que la miséricorde de Dieu place à la portée de ses disciples, et tout autant parce que, derrière le prédicateur, on trouvait l'homme de Dieu qui vivait, sentait et pratiquait tout ce qu'il disait, et qui vibrait à l'unisson de Celui qui le faisait parler.

Pour ce qui concerne la forme, il semblait vouloir imiter saint Paul, « prêcher sans la sagesse ni l'art de la parole, afin de ne pas ôter sa puissance à la croix de Christ. Sa prédication et sa parole ne consistaient pas en discours éloquents dictés par la sagesse humaine, mais en une démonstration d'esprit et de puissance, afin que la foi de ses auditeurs reposât, non sur la sagesse des hommes, mais sur la puissance de Dieu. »

Sa préparation intellectuelle était solide et très soignée ; sa préparation spirituelle l'était davantage encore. On savait et on voyait qu'avant de se présenter devant le peuple de Dieu, il avait passé un long temps sur la montagne, en tête à tête avec Dieu, lui demandant surtout sa bénédiction et son Esprit. Quand alors il parlait, on subissait l'ascendant de la puissance qu'il avait puisée dans la prière. « Il parlait avec autorité. »

Quoique possédant plus que tout autre ce qui, de la langue des Bassoutos, est nécessaire à un missionnaire, tout en la maniant avec une aisance et une correction exceptionnelles, et tout en connaissant à fond la manière de penser et de sentir des indigènes, il n'avait absolument pas adopté le genre des orateurs bassoutos. Les allégories tirées de la nature ambiante, les anecdotes puisées dans la vie locale, le pittoresque et l'imprévu des comparaisons n'étaient pas dans sa manière. Il ne faisait pas non plus d'analyses de caractères et de psychologie. Expliquer simplement et complètement les paroles de son texte, sans grand souci de la forme, telle semblait être sa préoccupation unique.

Mais si la forme de ses discours ne frappait

pas par son élégance, si son débit était souvent monotone, s'il avait parfois plus les allures d'un professeur que celles d'un prédicateur, il était pourtant, dans son genre, un orateur intéressant et exerçant une grande influence sur ses auditeurs. Après tout, pour un pasteur, l'éloquence, c'est l'art de se faire écouter. On écoutait M. Mabille, on emportait de ses sermons des impressions salutaires, ou des leçons qui forçaient à réfléchir. Les jouissances que causait sa parole n'étaient pas artistiques, elles étaient spirituelles. Et quand on disait de lui : il a bien parlé, cela signifiait que sa parole avait touché les cœurs, éclairé les intelligences, remué les consciences et rapproché les âmes de Dieu et Dieu des âmes.

Eloquent, il l'était à ses heures. Cicéron a dit que c'est le souffle qui fait l'orateur. M. Mabille avait ce souffle, et quand il s'y laissait emporter, il parlait avec une force, une ampleur et une émotion qui vous saisissaient. Il y avait alors chez lui, nous ne dirons pas des envolées, mais des explosions, des éruptions de sentiments religieux et de passion, qui l'élevaient au-dessus de la moyenne des prédicateurs et qui vous donnaient le frisson des émotions fortes et des troubles de la conscience.

Pour nous servir d'une expression empruntée

à un tout autre ordre d'idées, M. Mabille savait
« s'emballer ». Il n'y avait pas en lui ce fatal cran
d'arrêt, ce frein automatique qui nous arrête,
bien malgré nous, au moment où nous voudrions
nous donner tout entiers, qui nous laisse la
faculté de réfléchir, de nous surveiller et d'observer notre auditoire, et qui nous empêche de
nous jeter à corps perdu dans notre prédication
et de lancer notre âme tout entière dans les paroles que nous disons. Il savait, lui, s'y lancer
sans réserve, insoucieux des personnes de l'auditoire qui eussent pu l'intimider, emporté par le
souci des âmes, par l'horreur que lui inspirait
le mal ravageant l'Eglise, ou par l'attrait qu'exerçaient sur lui les beautés de la vie chrétienne et les
glorieuses perspectives de la vie à venir. Et il se
passait peu de dimanches sans que son sermon
fût tout à coup, et sans préméditation aucune,
illuminé de quelques éclairs de cette éloquence
mâle et persuasive..

En face d'un auditoire de païens, l'attitude de
M. Mabille était bien différente.

Quelques heures avant sa mort, un jeune
homme de sa connaissance, auquel il s'intéressait,
vint lui faire ses adieux. Alors, élevant son
bras, et le regard perçant, le malade s'écria : « Si

je pouvais, avec un bon coup de poing, vous faire
entrer la conviction dans le cœur, je crois
que j'aurais encore la force de vous le donner. »

Ses discours aux païens étaient un peu des
coups de poing. Quand il se levait pour leur
parler, il était comme un lutteur qui s'apprête à
combattre et à vaincre en mettant en jeu toute la
force de ses muscles et tous les souffles de sa poi-
trine. C'était une charge à fond sur le paganisme,
un corps à corps, des mots à l'emporte-pièce,
des éclats de voix, des admonestations vigoureuses, des appels pathétiques, des sollicitations pressantes et réitérées. La menace du jugement dernier et des peines éternelles y jouait un
rôle prépondérant. Les païens étant persuadés
que Dieu les aime tendrement et ne voyant en
lui qu'un père aveugle et bonasse, qui ne regarde
pas les fautes des hommes et ne leur deman-
dera pas compte de leurs déportements, ne fallait-il pas leur parler du Dieu juste et saint, du
juge suprême, qui a le pouvoir de jeter le corps
et l'âme dans la géhenne ? Pour une fois qu'il
avait l'occasion de dire la vérité à ces païens dont
l'endurcissement l'irritait et dont l'avenir le tour-
mentait, fallait-il se contenir, craindre de vider
son cœur, user de circonlocutions et de réticen-

ces, hésiter à faire des blessures qui sauvent la vie ?...

Il osait tout. Il pouvait, grâce à l'autorité, à la confiance dont il jouissait, risquer des procédés que l'on n'aurait pardonnés à aucun autre. Nous l'avons souvent entendu interpeller les chefs directement, au milieu de leurs gens, leur reprocher leur mauvaise conduite et les exhorter à la repentance et à la conversion. Nous l'avons vu déplier, au milieu d'une grande assemblée, une feuille de papier et y lire à haute voix les noms des renégats, — de ces renégats au sujet desquels il écrivait un jour qu'il était « comme dans une fournaise ardente », et que, sur son lit de mort, il recommandait encore à son fils, en lui remettant un cahier où il avait écrit la liste de leurs noms, afin qu'il pût prier plus régulièrement pour eux tous.

Nous vîmes alors les têtes les plus revêches s'incliner sous le fouet qui les cinglait, et la honte et le remords les assombrir. Plus d'un dut son retour à la foi au coup de boutoir qui l'atteignit en pareille occasion. Les autres s'en allaient humiliés et troublés, irrités peut-être pour un moment, mais sentant que la main qui les avait saisis au collet et si rudement secoués, était celle d'un homme qui les aimait du fond de son cœur, et

dont les indignations étaient saintes et miséricor-
dieuses.

C'est parce qu'il a ainsi réveillé des âmes
condamnées au paganisme à perpétuité que M.
Mabille a vu son Eglise augmenter, et une si grande famille spirituelle se former autour de lui. C'est
à ces gens ainsi arrachés par lui, à force de bras,
à la mort spirituelle, qu'il a dû ce témoignage
si beau, qu'il n'a pas entendu, mais que nous
avons pieusement recueilli la veille de son enterre-
ment.

Il était couché sur son lit de mort. La grande
lutte était terminée ; son âme reposait en Dieu.
Les membres de son Eglise passaient en silence
devant sa dépouille mortelle, pour regarder une
dernière fois le visage de celui qui les avait amenés
à la foi. Arrivèrent deux femmes venues d'une
annexe, deux simples et pauvres Bassoutoses,
dont la figure bronzée, déjà ridée par l'âge et
ravagée par la fatigue, portait encore l'empreinte
d'une douleur contenue et étonnée.

L'une s'arrêta et dit : « C'est notre père ».
L'autre ajouta : « C'est le père de nos âmes ».
Et elles passèrent...
Où trouver, pour un missionnaire, une oraison
funèbre plus éloquente ?

CHAPITRE XXIII

# L'HOMME POLITIQUE

————

Nous n'aurions pas terminé notre tâche si nous ne parlions brièvement du rôle politique que M. Mabille a joué au Lessouto.

Qu'un missionnaire soit un envoyé de l'Eglise placé parmi les païens pour leur enseigner l'Evangile, c'est un fait que tout le monde admet ; c'est la vocation dont il a conscience ; et il s'applique à accomplir son œuvre, qui est essentiellement spirituelle et morale, dans la mesure de ses capacités. Il se trouve pourtant que, dans certaines circonstances et dans certains temps, il est, malgré lui, appelé à s'occuper de questions étrangères en théorie à son ministère et à se mêler des affaires politiques du pays où il est établi, — nouveaux et périlleux devoirs qui s'imposent à lui et qui réclament la plus grande prudence et la vigilance la plus incessante.

Au premier contact des noirs ignorants et barbares avec les blancs instruits et civilisés, il se produit nécessairement une foule de complications dangereuses pour les uns et pour les autres. Des difficultés surgissent, qui mettent en péril les bonnes relations des hommes de races et de caractères si divers ; des malentendus, des actes de violence ou de spoliation sont toujours possibles. L'histoire ne prouve que trop tout ce que cette rencontre a de menaçant et n'offre que trop d'exemples des conséquences fatales qu'elle a eues en particulier pour les aborigènes africains.

Le noir, intrigué par les lettres des blancs, qu'il ne peut lire lui-même et qui sont écrites dans une langue qu'il ne comprend pas, ignorant les procédés et les ruses de la diplomatie européenne, soupçonneux de nature et flairant partout des pièges, s'adresse alors tout naturellement à son missionnaire. Ce missionnaire est un blanc : il sait lire, il comprendra de quoi il s'agit. Il aura des conseils à donner. C'est un ami ; on sait qu'il est désintéressé, qu'il a voué sa vie au bien des noirs ; on peut avoir confiance en lui, en sa sagesse et en son intérêt. On s'adresse donc à lui pour des questions politiques, et le voilà, sans l'avoir voulu, impliqué dans des affaires appartenant à un domaine qui n'est pas le sien.

Le missionnaire, d'autre part, devenu en quelque sorte membre de sa nation d'adoption et sachant ce qui s'y passe, ne peut pas ne pas voir les fautes, quelquefois même les crimes que les noirs, dans leur folie, se préparent à commettre, pour leur propre ruine comme pour le détriment de leurs voisins. Il connaît leur caractère encore sauvage, il sait qu'à un moment donné ils auront recours à la trahison, au meurtre ou à l'incendie, pour se débarrasser de voisins gênants ou de compétiteurs redoutables.

Que faire alors ? Se cantonner dans ses attributions spirituelles ? Fermer volontairement les yeux sur les dangers qui menacent sa patrie d'adoption ? Fermer son cœur aux sollicitations de pauvres noirs que les paroles des blancs inquiètent et déroutent et se déclarer incompétent ? Assister passivement à des actes de spoliation ou à des iniquités de tout genre, sous prétexte qu'il est venu pour sauver des âmes, et pour cela seulement ?

Nous causions, il y a quelques mois, avec le chef de notre district. Croyant nous faire plaisir en flattant notre vanité, mais sans avoir aucunement l'intention d'agir selon ses paroles, il nous disait : « Je viendrai te voir et te demander des conseils à propos des affaires politiques de mon peuple. » Connaissant celui à qui nous avions affaire, nous répondîmes : « Je suis au milieu de vous pour faire une œuvre religieuse. Si tu désires entendre mes conseils pour la vie de ton âme ou pour le bien spirituel de ton peuple, je serai toujours très heureux de t'en donner. » A quoi il répondit dans ce style imagé dont les indigènes ont le secret : « A quoi cela me sert-il que tu me parles d'un beau pays comme la France, très éloigné de moi et où tu veux me conduire, si tu ne t'intéresses pas aussi à ce pauvre petit pays de mes pères où j'habite en ce moment ? »

Et il avait raison ! Parler aux hommes de la vie à venir et de ses gloires et leur en montrer le chemin mais se désintéresser de leur vie actuelle et refuser de s'occuper de leurs affaires présentes, ce serait faire œuvre de mauvais missionnaire, ce serait démériter de leur confiance et sans doute aussi de la confiance de Celui qui nous a envoyés dans le monde pour « chercher et sauver ce qui était perdu ».

Nous n'hésitons pas à le leur dire : il serait un missionnaire infidèle et indigne celui qui, sous couleur de ne pas faire de politique, refuserait aux noirs le secours de son intelligence et de sa plume, et permettrait qu'ils soient trompés et dépouillés ou qu'ils trompent et dépouillent les autres, sans essayer au moins d'empêcher ces crimes d'être commis et ces malheurs d'arriver Son rôle légitime est au contraire, dans certaines circonstances et dans certains temps, celui d'un intermédiaire bienveillant et désintéressé, rendant des services aux uns et aux autres, d'un homme de justice et de charité, ayant pour seul objet le maintien de la paix et le respect du droit.

Tâche difficile, ajouterons-nous, hérissée de périls, rapportant plus de déboires que de gloire, et qu'aucun homme intelligent ne rechercherait par amour-propre ou par ambition ! Du côté de ces noirs qu'il cherche à guider et à conseiller, le missionnaire se heurtera à des réticences ou à des mensonges qui l'empêcheront de toujours parler et agir en pleine connaissance de cause ; il croira connaître la vraie pensée des gens et leurs intentions, alors qu'il n'en saura que ce qu'ils auront bien voulu lui dire, parfois le contraire de la vérité. Et il sera ainsi exposé à voir ses conseils, bons en soi, aboutir à des résultats tout différents de ceux qu'il avait en vue.

Du côté des blancs, il passera facilement pour un ambitieux et un adversaire. C'est un intrigant, dira-t-on de lui ; il veut jouer au personnage politique. Il a des vues intéressées, soit pour lui-même, soit pour sa patrie européenne. Les échecs de la diplomatie ou même des armes des blancs lui seront parfois imputés. Il sera le bouc émissaire sur la tête duquel seront amassées toutes les fautes commises par tout le monde. Ainsi, quand le résident supérieur du Lessouto échoua dans ses efforts pour désarmer les Bassoutos, — tentative insensée que lui-même blâmait dans le secret de son cœur et qu'il savait illusoire, — il fallait pourtant qu'il déchargeât ses chefs de la responsabilité de cet échec. Et il écrivit alors, dans une dépêche officielle, qu'il aurait probablement réussi à désarmer les Bassoutos, « s'il n'avait été contrecarré par les missionnaires français... »

Au reste, notons encore ceci : quand les blancs reprochent à des missionnaires de s'être mêlés de politique, il faut bien croire qu'ils ne blâment que ceux dont l'action a été défavorable à leurs propres visées. Qu'un missionnaire croie devoir agir dans un sens contraire aux vues des Anglais, les Anglais déclareront hautement que les missionnaires n'ont pas le droit de s'occuper de politique. Qu'un autre agisse au contraire dans un sens favorable à leurs projets, ils loueront ce missionnaire qui comprend ses devoirs et sait faire bon usage de la position influente dont il jouit parmi les indigènes.

A-t-on assez loué ce missionnaire wesleyen qui, il y a quelque deux ou trois ans, exerça sur le chef des Pondos annexés à la colonie du Cap par un simple décret, une influence telle (excellente, dirons-nous de tout cœur), qu'une guerre imminente fut évitée aux annexeurs et aux annexés !

Ne trouvons-nous pas dans un petit livre intitulé : *Quatorze ans au Lessouto*, (1) et publié par le révérend Widdicombe, missionnaire anglican au Lessouto, parmi les règles de conduite adoptées par lui et les autres fondateurs de leur mission, les principes suivants : « Nous abstenir de faire de la politique, ne pas écrire de lettres pour le chefs, ayant un caractère public ou politique ; n'identifier en aucune manière la mission avec les agents du gouvernement, de peur que les indigènes ne la considèrent comme un département de l'administration... » ? L'auteur déclare ces résolutions sages et salutaires, et il ajoute : « En tout cas, je suis sûr qu'elles ont été unifor-

_______________

(1) *Fourteen Years in Basutoland*, by John Widdicombe, 1891, pages 75, 76, 137-139, 140-141.

mément suivies, et avec de bons résultats, par
tous les ouvriers de la mission. » Cela dit, il critique injustement l'attitude que prirent les missionnaires protestants français à propos de la loi
du désarmement, que venait de promulguer la
colonie du Cap ; il leur reproche, en les dénatu-
rant, leur opinion et leurs paroles. Et puis, à la
page suivante, il raconte comme quoi lui et ses
collègues, encouragés à ce faire par leur évêque,
répondaient aux Bassoutos qui leur demandaient
s'ils devaient consentir à déposer leurs fusils
entre les mains du gouvernement : « Ayez
confiance dans la Reine, votre mère. Obéissez à la
loi, même si elle est dure. Rendez les armes et ne
vous battez pas... » et ainsi de suite. Il leur parlait en faveur et dans le sens de la politique
anglaise, il était du côté du manche : ce n'était
plus s'occuper de politique...

Et disons-nous bien qu'en France et dans les
colonies françaises, les choses iraient et vont
exactement de la même façon. On ne veut pas
que les missionnaires s'abstiennent systémati-
quement de politique, on veut seulement qu'ils
n'en fassent que pour favoriser les vues de leur
gouvernement, on leur demande même de le faire.
Voilà tout.

Au Lessouto, les missionnaires de la première

génération avaient trouvé un peuple en formation, n'ayant encore aucun contact et aucune rela-
tion officielle avec des gens de nationalité européenne. Quand ces relations avaient commencé,
ils étaient forcément devenus les conseillers du
chef Moshesh et ses intermédiaires auprès du
gouvernement de la colonie du Cap. Et c'est leur
éternel honneur ; car c'est en grande partie à
leurs sages avis que le peuple des Bassoutos
doit d'avoir pu subsister et se développer, malgré les tentatives d'envahissement dont il était
l'objet.

Cette belle tradition que lui avaient léguée ses
prédécesseurs, M. Mabille n'était pas homme à
en faire litière. Les Bassoutos, il les aimait de
tout son cœur. Il ne leur cachait pas plus leurs
torts que les dangers qui pouvaient les menacer
du dehors. Il ne craignait pas de se jeter dans la
mêlée, au risque de recevoir des coups, pour les
empêcher de faire du mal ou d'en subir. Le titre
d'*ami des nègres* (1) lui semblait un honneur plutôt qu'une insulte.

« Croyez-vous, écrivait-il à ce sujet, que les
missionnaires n'aient pas le droit d'exprimer

------

(1) En anglais colonial : *nigger-frien*

leur opinion sur les événements du monde et principalement sur ce qui touche le pays où ils travaillent ? Des hommes que l'on envoie pour instruire des populations qui marchent dans les ténèbres ne peuvent pas ne pas s'occuper du bien-être temporel aussi bien que spirituel de leurs protégés. Nous, missionnaires, nous savons que notre Seigneur Jésus-Christ s'est aussi occupé des besoins terrestres de ceux qu'il voulait gagner pour les choses célestes. On nous appelle « amis des nègres » comme on a appelé notre Maître l'ami des péagers et des pécheurs. Pour ma part, je me sens lié par des liens sacrés au peuple auquel j'annonce l'Evangile, et dans l'esprit duquel je m'efforce d'implanter les vérités les plus hautes et les plus nécessaires. Pourquoi ne devrais-je pas, de toutes mes forces, m'élever contre ce qui me paraît viser à la destruction de ce peuple ?... En vérité, sauver une peuplade, l'élever graduellement, l'amener peu à peu à la civilisation, en faire un peuple chrétien, est indubitablement plus noble aux yeux de Dieu que de l'anéantir... »

Vivant dans le proche voisinage du grand chef Létsié, il était, par la force des choses, obligé de s'occuper de questions qui se rapportaient aux relations de ce dernier avec les gouvernements de l'Etat libre et du Cap. Il était devenu peu à peu, et sans l'avoir désiré, son conseiller de tous les jours, tant pour les affaires de politique intérieure que pour des questions de politique extérieure.

Une discrétion que tout le monde comprendra nous interdit de raconter ici la part que M. Mabille et d'autres de ses collègues prirent aux négociations qui aboutirent, en 1869, à l'intervention anglaise et à l'établissement du protectorat britannique au Lessouto, — intervention à laquelle les Bassoutos durent d'échapper à une ruine certaine et à la perte de leur existence nationale.

Quant à la guerre dite « des Fusils » (1880-1881), le rôle de M. Mabille dans les complications qui la provoquèrent et la suivirent fut considérable.

Après avoir encouragé et favorisé l'achat de fusils par les Bassoutos, le gouvernement du Cap, s'inspirant des vues idéalistes du gouverneur Sir Bartle Frere, décida un beau jour qu'il était désirable que tous les noirs sud-africains fussent invités ou forcés à déposer leurs armes entre les mains du gouvernement colonial. Aux yeux des Bassoutos, cette loi — appelée par ses auteurs « acte pour la préservation de la paix », mais méritant davantage celui d' « acte pour la destruction de la paix », — était une menace et un danger ; ils allaient, pensaient-ils, être livrés sans défense à la merci des blancs, et forcés de se soumettre à toutes les mesures qu'il plairait à ceux-ci de prendre à leur égard. Plutôt périr les armes à la main, en luttant pour leur liberté et leurs foyers, que de se livrer pieds et poings liés à des gens parmi lesquels ils comptaient tant d'adversaires.

M. Mabille, lui, n'avait qu'une pensée : éviter à tout prix un conflit dont il croyait que l'issue ne pouvait qu'être fatale aux Bassoutos et à l'œuvre de la mission. Il regrettait la funeste politique du Cap, et il la blâmait ouvertement. Il écrivait au résident supérieur du Lessouto, au premier ministre de la Colonie du Cap, au gouverneur lui-même, s'efforçant de dessiller leurs yeux sur les mesures néfastes qu'ils allaient prendre et les suppliant d'y renoncer avant qu'il fût trop tard. Si ses sages conseils avaient été écoutés, la Colonie du Cap se serait évité une guerre longue et sans gloire, qui ne lui rapporta qu'échecs et sacrifices stériles, et lui coûta, sans bénéfice aucun, la jolie somme de 75 millions de francs au moins ; et le Lessouto n'aurait pas été désorganisé et rejeté dans un état voisin de l'anarchie, dont il n'est pas encore complètement sorti à l'heure qu'il est.

Aux Bassoutos, M. Mabille prêchait la paix, condamnant un recours aux armes comme injustifiable et fatal. Les moyens légaux d'échapper au désarmement, les négociations, les pétitions, l'envoi d'une délégation au Cap, il les leur indiquait, en leur disant qu'au cas où ils échoueraient, ils n'auraient plus qu'à se soumettre. Les assurances positives qu'il avait reçues des personnages les plus importants de la nation, les promesses de soumission que l'on avait énoncées devant lui, lui donnaient la conviction que la paix ne serait pas matériellement troublée. Il disait hautement et écrivait aux journaux qu'il n'y avait pas à prévoir ou à redouter de guerre. Et il partait pour l'Europe, où il devait faire imprimer la Bible en sessouto, croyant fermement que tout allait s'arranger pour le mieux.

En cela, il se trompait. « Je ne me suis jamais donné comme infaillible, écrivait-il après l'ouverture des hostilités ; j'ai pu me tromper ; je me suis trompé... Nul n'a parlé aux Bassoutos de paix plus que moi... » Il aurait mieux fait d'écrire : « J'ai été trompé. » Les assurances sur lesquelles il fondait sa confiance en la paix n'étaient pas aussi dignes de créance qu'il l'avait cru. Il avait été la victime de diplomates qui, quoique noirs et incultes, connaissent cependant les roueries de la diplomatie et sont passés maîtres en matière de duplicité et de dissimulation. Et s'il regrettait amèrement la guerre dont, de loin, il suivait avec angoisse les péripéties, s'il s'entendait désigner par bien des gens comme l'auteur de cette guerre fatale, il souffrait cependant avec une bonne conscience, sachant qu'il avait fait tout son possible pour empêcher la Colonie du Cap de commettre une faute qui devait lui coûter si cher, et les Bassoutos de commettre une folie qui mettait leur existence à deux doigts de sa perte.

Une fois la guerre engagée, M. Mabille n'avait plus qu'une pensée : en abréger la durée, en atténuer les conséquences pour le Lessouto et la mission. Son séjour en Europe, où il se rencontra avec M. Coillard, fut vraiment providentiel pour le Lessouto. Ces deux « amis des nègres » consacrèrent les efforts les plus infatigables à faire des démarches de toute nature, très longues, très délicates, et auprès des personnages les plus hauts placés, pour sauver les Bassoutos. Une réserve que nous n'avons pas

besoin de justifier nous empêche d'entrer dans
le détail de ces laborieuses négociations. Ce que
nous pouvons affirmer, c'est que le but unique
de M. Mabille était celui-ci : obtenir que le Lessouto ne fût pas démembré et qu'il fût placé
dans des conditions telles, qu'il pût continuer à
exister, se relever et prospérer.

Commencées en France et en Angleterre, et
déjà partiellement couronnées de succès lors de
son départ pour l'Afrique, ces démarches conti-
nuèrent encore au Cap même, lors du petit
séjour qu'y fit M. Mabille en débarquant, et
ensuite au Lessouto, alors que se réglaient laborieusement une foule de questions secondaires,
mais dont les difficultés pouvaient plonger le
pays dans toutes les horreurs de la guerre civile
et ensuite d'une guerre extérieure. Finalement,
tout s'arrangea en gros, les dangers les plus pro-
chains furent écartés ; mais M. Mabille resta le
conseiller moins confiant, mais plus avisé, du
chef Létsié et, après la mort de ce dernier, de
son fils et héritier Lérothodi.

Cette intervention hardie de M. Mabille dans
les affaires politiques du Lessouto, si elle lui
valut des critiques acerbes et des blâmes pénibles à recevoir, lui avait d'autre part procuré

M. ET M^me MABILLE

(Hermon, avril 1894)

parmi les Bassoutos une popularité considérable
et de bon aloi. Il avait fait cause commune avec
eux ; il ne les avait pas abandonnés ; il s'était
jeté sur la brèche pour les protéger ; il avait
souffert pour eux. Il était parmi eux une force et
un boulevard de la concorde et de la paix.

Et quand la mort vint terminer sa carrière, on
pleura en lui non seulement l'homme de Dieu
qui avait tant travaillé pour la conversion des
Bassoutos, mais aussi le patriote, l'homme fort
et généreux, qui avait considéré comme une partie de son ministère de sauver et de former un
peuple, afin qu'il gardât et méritât de garder son
existence propre, en devenant, parmi les différentes nations du sud de l'Afrique, un élément
de travail, de progrès et de prospérité.

Avec M. Mabille est sans doute mort aussi le
dernier « missionnaire politique » que le Lessouto aura vu. Les temps changent ; les circonstances se modifient. Le rôle de conseiller des
chefs, qui autrefois s'imposait à certains missionnaires comme un devoir absolu, a de moins
en moins sa raison d'être. Ce qui jadis était une
nécessité à laquelle un homme fidèle ne pouvait
se dérober, serait aujourd'hui une ingérence
répréhensible. Aucun missionnaire du Lessouto
n'a le désir ou l'ambition de se mêler d'affaires

dont la conduite et les responsabilités reposent sur des magistrats compétents et dévoués aux vrais intérêts des Bassoutos.

Et pourtant, membre de ce peuple et, par adoption, citoyen de ce pays, tout bon missionnaire continuera à s'intéresser à ses destinées, prêt à dire son opinion à ceux qui la lui demandent, prêt aussi à plaider la cause des Bassoutos, si des circonstances nouvelles lui en imposaient la nécessité.

# CHAPITRE XXIV

## LA FIN

———

Cependant le travail énorme qu'imposaient à M. Mabille ses nombreuses œuvres agissait lentement, mais sûrement, sur sa constitution, du reste exceptionnellement robuste. Nous avons énuméré ces œuvres, mais nous ne sommes pas entré dans les détails de leur exécution. Nous n'avons pas dit tout ce qu'une imprimerie et une librairie impliquent de travaux divers et astreignants, de correspondance, de comptabilité, — ces comptes, ces terribles comptes de fin d'année, ces écritures, et la préparation même des livres à publier. Nous n'avons pas parlé de la partie matérielle de l'administration d'une Eglise de plus de deux mille chrétiens et catéchumènes, ayant elle aussi une comptabilité, des registres à tenir, des actes à faire et à enregistrer. Nous avons à peine fait allusion aux leçons de l'école biblique,

à leur préparation et à la correspondance ayant
pour but, soit de maintenir entre les anciens
élèves et leurs directeurs des rapports suivis,
soit de renseigner sur la marche de l'institution
les amis d'Europe qui la patronnaient. Et ces travaux multiples venaient s'ajouter à tous ceux
qu'un missionnaire ordinaire accomplit dans son
propre district, dans l'ordre des choses spirituelles !...

Pour faire face à tant d'obligations, M. Mabille
devait dépenser une somme de forces physiques
et morales extraordinaire. Il faisait penser à une
puissante machine travaillant continuellement à
haute pression et à tirage forcé, sans même
s'arrêter pour réparer les petits désordres qui
parfois s'y produisaient. Il travaillait trop ; il se
surmenait. En réalité, il avait été fatigué dès les
premières années de sa vie missionnaire, et seule
son indomptable énergie avait pu lui donner les
forces de surmonter cette fatigue et de continuer
à abuser de sa santé au péril de sa vie. Il avait
prématurément vieilli, ses cheveux avaient blanchi avant le temps. Et sans être réellement malade,
sauf parfois des attaques bilieuses et une
grande paresse d'estomac, il était pourtant usé
plus que ne le disaient son apparence robuste et
la rapidité de son travail.

En septembre 1893, M. Mabille put cependant réaliser un grand désir de son cœur, celui de visiter l'œuvre des Maloutis, à la création de laquelle il avait pris une part si considérable. Ce fut un voyage long et fatigant, qui dura vingt-six jours : chevauchées lentes et interminables à travers les montagnes, la pluie, la neige, le froid, avec une nourriture insuffisante et des abris rudimentaires ; une vie de Bohémien succédant sans transition à sa vie d'homme de cabinet, sédentaire et régulière. Nous redoutions pour lui les privations d'une expédition de ce genre. Il les supporta à merveille, et nous nous réjouîmes à la pensée que cette épreuve avait plutôt démontré la solidité de sa constitution et la robustesse de sa santé.

A son arrivée à Morija, il trouva une accumulation de besogne que la prévoyance et le travail de ceux qu'il y avait laissés n'avaient pu que partiellement lui éviter. L'année tirait à sa fin ; il fallait faire des inventaires, procéder au règlement des comptes, équilibrer son budget, et dresser le plan d'une nouvelle année de travail. (1)

___

(1) Chaque année, dans les premiers jours de janvier, M. Mabille réglait l'emploi de tous les dimanches de l'exercice qui commençait. Visites aux annexes, fêtes, collectes, échanges de chaire des évangélistes, examens d'annexes, tout était prévu et fixé à l'avance. Et il fal-

C'est au milieu de ces occupations absorbantes
qu'il fut pris d'une violente douleur au sommet
de la tête. On le voyait triste et fatigué. Il s'accordait même au milieu du jour quelques instants de
repos, habitude qu'il n'avait jamais eue jusqu'a-
lors, pour reprendre ensuite sa place accoutumée
à son bureau. Il luttait pied à pied contre son mal,
et ne permettait même pas qu'on lui demandât
des nouvelles de sa santé, comme s'il eût considéré comme une faiblesse ou une honte d'être
souffrant et de devoir se soigner.

Cette douleur persistant, on pensa qu'un
voyage d'une certaine durée lui procurerait du
soulagement, et, pour le déterminer, à y consentir, on le chargea, comme nous l'avons dit
plus haut, d'accompagner dans le Béchuanaland
l'expédition Béguin allant au Zambèze et d'en
organiser, à Vryburg, la caravane. Il revint un
peu reposé ; mais soudain il éprouva de fortes
douleurs rhumatismales dans une jambe, et nous
le vîmes avec étonnement s'appuyer sur une
canne, — chose qu'il n'avait jamais faite, — et
présider ainsi une réunion de dimanche après

------

lait des circonstances exceptionnelles pour le forcer à
changer quoi que ce soit à ce programme, dont chaque
évangéliste recevait une copie et qui réglait ainsi la
marche de toute l'œuvre de Morija pour douze mois.

midi, qui fut, l'eussions-nous soupçonné alors ? la dernière qu'il dirigea dans l'église de Morija.

Le lendemain, 2 avril 1894, il partit avec M^me Mabille pour Hermon, où devait se réunir notre conférence annuelle. Le voyage se fit en chariot à bœufs et sans encombre. Mais nous fûmes frappés de son air défait, de sa figure, tiraillée par la souffrance, et de son incapacité absolue de poser le pied par terre. Il assista pourtant à toutes nos séances, couché sur un petit lit de camp, voulant, malgré de violentes douleurs, prendre part à nos délibérations et s'occuper des affaires de la mission.

Entre autres propositions surgit celle que, l'année suivante, les missionnaires aillent tenir leurs assises à Mafoubé, de l'autre côté des monts Drakensberg, c'est-à-dire dans une station que l'on en pouvait atteindre, en partant de Morija, qu'après un voyage de six ou sept jours à cheval. Plusieurs d'entre nous parlaient contre cette proposition, alléguant les distances et les fatigues d'une pareille expédition. Mais lui, perclu comme il l'était et immobilisé par ses rhumatismes, s'étonnait de nos objections, déclarait que faire ce voyage serait chose très intéressante pour lui, et votait la proposition haut la main.

La conférence terminée, M. et M^me Mabille remontèrent en wagon, passèrent par Morija, où ils ne firent que toucher barre, et se rendirent à Léribé, où la famille Mabille entière se trouva réunie — pour la dernière fois. Il eut la joie de baptiser là un de ses petits-enfants et de tenir un service du dimanche. Puis il passa dans l'Etat libre et s'arrêta dans une ferme appartenant à des amis. Ces derniers convoquèrent les Bassoutos des environs, et M. Mabille leur fit un culte, insistant, dans son sermon, sur la nécessité de se donner à Dieu alors que l'on est en bonne santé, et sur le péril de renvoyer la conversion au temps où l'on sera à l'article de la mort... Ce fut son dernier sermon.

Il arriva à Morija le 10 mai, fatigué, toujours aussi malade, le corps endolori et incapable de rien manger, de violentes douleurs internes ayant succédé aux douleurs rhumatismales des premiers temps. Nos inquiétudes étaient grandes ; la possibilité de sa mort prochaine contractait nos cœurs et obsédait notre pensée. Quant à lui, il ne prévoyait pas le dénouement fatal. Sa guérison, la reprise de son travail : voilà ce à quoi il pensait. Et au milieu de ses souffrances, il donnait ses instructions à ses aides et faisait procéder à l'examen d'admission des nouveaux élèves à l'école biblique. Car nous étions à la fin de l'automne, et la rentrée des écoles supérieures avait lieu à ce moment.

Le dimanche 13 mai, jour de Pentecôte, toute l'Eglise était réunie à la station pour la Sainte Cène. Il ne put assister aux services, mais il envoya à son troupeau ses salutations et un message verbal par lequel il exprimait le vœu que le Saint-Esprit fît sentir son influence dans les assemblées et dans le cœur de chacun.

Le 15, un médecin, enfin appelé, arriva auprès de lui et l'examina soigneusement. Son diagnostic, dont il ne voulait pas révéler la nature, était cependant alarmant. « C'est grave, c'est très grave », nous disait-il. Et nous comprenions que tout espoir de guérison était, humainement parlant, illusoire. Nous priions cependant, nous essayions de croire et d'espérer qu'une intervention directe de Dieu sauverait encore notre bien-aimé malade et rendrait à l'Eglise un serviteur que nous lui croyions indispensable.

Lui-même voulut savoir la vérité sur son état. Il demanda ce qu'avait dit de lui le médecin. On hésitait à lui répondre. Il insista. Alors son beau-frère Alfred Casalis lui dit toute la vérité et lui montra la proximité de son délogement.

« Est-ce possible ? dit le malade ; est-ce possible ?... »

Ensuite il pria longuement.

Puis, tout à coup : « Seigneur, je mets mon travail à terre. J'ai tâché de travailler, mais que de fois j'ai transgressé ! Mais je ne le voulais pas, tu le sais !... »

Après cela, il fut très calme et très heureux.


La faiblesse augmentait pourtant. Tout ce que la tendresse d'une femme bien-aimée et dévouée sans réserve à son mari et à son œuvre pouvait faire, tout ce que l'amour d'un fils et de filles passionnément attachés à leur père pouvait imaginer, tout fut fait sans relâche et sans repos. M. Mabille lui-même avait recommandé aux siens de suivre ponctuellement les prescriptions du médecin et demandé les prières de l'Eglise pour sa guérison. Car il voulait vivre et continuer à servir Dieu.


Le 17 au soir, M. Mabille fit ses adieux à sa famille, — heures de dernière et douce intimité, d'entretiens sérieux, de tendresse, de recommandations suprêmes et de bénédictions...

Le magistrat supérieur du Lessouto était venu le voir et lui donner une dernière marque de sa respectueuse affection ; avec lui était aussi venu le médecin, pour ne constater, hélas ! que les progrès d'un mal qui ne pardonne pas et l'imminence du dénouement fatal.

Le 19, arrivèrent plusieurs missionnaires, prévenus à la hâte, auxquels M. Mabille fit paisiblement ses adieux, en leur donnant les derniers conseils de son amitié, en les suppliant de « vivre davantage par le Saint-Esprit ». M. et M^{me} Henry Dyke, revenant d'Europe ce même jour, eurent encore le bonheur de le voir et de lui parler ; leur arrivée fut pour lui une grande joie : il les aimait tant !

Il admit auprès de son lit le chef du Lessouto, auquel il adressa quelques pressants appels à la conversion et à la tempérance, et des conseils pour le bien de son peuple, pensant à tout, lui recommandant de chercher de la houille dans le pays, de se procurer de bonnes semences et de détruire une certaine plante qui gâtait la laine des moutons.

Autour du presbytère étaient groupés les évangélistes, les anciens, les messagers des chefs, des chrétiens, des païens, demandant qu'il leur fût permis de voir encore une fois le visage de leur pasteur et d'entendre sa voix. Leur accorder cette requête, c'eût été imposer au malade des fatigues et des émotions trop grandes. Et ces pauvres gens, ne pouvant se résoudre à s'éloigner, restaient groupés près de la maison, silencieux, consternés...

Pour lui, il attendait la mort avec fermeté. En le veillant pendant sa dernière nuit, en le regardant sur son lit de douleurs, nous avions l'impression qu'il était étonné de voir durer si longtemps une chose qui devait être faite. Lui qui avait toujours et en toutes choses agi immédiatement et rapidement, il semblait surpris de devoir mourir lentement. Pour tromper le temps, il refaisait avec sa famille la liste de ses aides indigènes, nommant chacun par son nom, disant où chacun était employé, soit au Lessouto, soit dans le Transvaal, soit au Zambèze. Son fils s'étonnait de ce qu'il se rappelait tant de noms au milieu de ses souffrances. « C'est, répondit-il, que leurs noms sont écrits sur mon cœur. J'ai tant prié pour eux ! » Il parlait d'eux comme un père et il pria pour eux tant qu'il put prier. De lui aussi on put dire : « Ses bras restèrent étendus jusqu'au coucher du soleil. »

Le dimanche 20 mai, il salua le lever du jour en disant : « *Lux dominica* », c'est-à-dire lumière du Seigneur, et répétant cettre strophe de cantique :

> Jour du Seigneur,
> J'ouvre mon cœur
> A ta douce lumière.
> Jour solennel,
> A l'Eternel,
> Consacre ma prière.

C'était par ces mots, prononcés par celui des deux qui se réveillait le premier, que M^me Mabille et lui commençaient tous leurs dimanches.

Et il ajouta : « Je resterai encore une journée avec vous. »

Quand sonna la première cloche pour le culte public, il s'écria : « Gloire, gloire dans les lieux célestes... Ils vont adorer... Jésus, je suis aussi de tes adorateurs... »

Cependant sa parole se faisait rare ; le délire le prenait par moments ; la fin était proche. Puis vinrent quelques heures d'inconscience. Et, à sept heures et demie du soir, son âme entrait dans le repos...

Sa dépouille mortelle, calme et paisible, était étendue sur un lit. Pendant toute la journée du lundi, ce ne fut qu'un défilé de Bassoutos de tout âge, les parents amenant leurs petits enfants pour voir une dernière fois le visage de « leur père »...

Le mardi, 22 mai, une grande assemblée se réunissait à Morija pour conduire à sa dernière demeure, le corps de M. Mabille. On n'entendait pas un sanglot, et ce silence était plus impressif que les éclats de douleur bruyante dont les Bassoutos sont coutumiers en pareille circonstance. Le cercueil était porté par des évangélistes et par des élèves de l'école biblique ; ceux de l'école normale formaient la haie sur le passage du cortège. Des enfants, — ils l'avaient tant aimé ! — suivaient avec des fleurs.

Trois de ses collègues, le résident, le chef Lérothodi et un évangéliste prirent la parole pour lui adresser un dernier adieu, gênés cependant par la recommandation qu'il avait faite que l'on fût très sobre de louange en parlant de lui, soit sur sa tombe, soit ailleurs ; mais, dans l'esprit de tous et dans tous les cœurs, circulait cette parole : « Ne savez-vous pas qu'aujourd'hui un héros est mort en Israël ? »

Tout ce qui, de lui, était visible, reposait maintenant dans la tombe. Mais ce qui nous restait, dans notre douleur, c'était son souvenir, son exemple, son esprit, son amour ; c'était aussi son œuvre — ses œuvres — bâtie sur le bon fondement. Il nous laissait comme un héritage sacré, et comme un monument parlant de son travail, de son amour et de sa foi.

Et maintenant, sous les saules du cimetière de Morija, l'on voit une petite grille en fer entourant un rocher dans lequel est incrustée une simple plaque de marbre portant ces seuls mots :

Adolphe MABILLE

1836-1894

Quelques-uns de ses amis ont voulu marquer ainsi la place où il repose ; des mains pieuses y ont planté des fleurs et les y entretiennent. Et son souvenir reste, dans la mission du Lessouto et ailleurs, comme une force spirituelle qui continue à agir, pour la gloire de Dieu.

# TABLE DES MATIÈRES

# TABLE DES ILLUSTRATIONS




CAHORS, IMP. COUESLANT (*personnel intéressé*). — 40.247

* 9 7 8 2 3 2 9 2 0 1 6 8 9 *